Kerstin Kiehl

"Brich auf, christliche Seele, ins Paradies mögen Engel dich geleiten"

Kerstin Kiehl

"Brich auf, christliche Seele, ins Paradies mögen Engel dich geleiten"

Ein seelsorgerliches Plädoyer für die christliche Lehre von der Unsterblichkeit der Seele

Fromm Verlag

Impressum / Imprint
Bibliografische Information der Deutschen Nationalbibliothek: Die Deutsche Nationalbibliothek verzeichnet diese Publikation in der Deutschen Nationalbibliografie; detaillierte bibliografische Daten sind im Internet über http://dnb.d-nb.de abrufbar.

Bibliographic information published by the Deutsche Nationalbibliothek: The Deutsche Nationalbibliothek lists this publication in the Deutsche Nationalbibliografie; detailed bibliographic data are available in the Internet at http://dnb.d-nb.de.

Coverbild / Cover image: www.ingimage.com

Verlag / Publisher:
Fromm Verlag
ist ein Imprint der / is a trademark of
OmniScriptum GmbH & Co. KG
Heinrich-Böcking-Str. 6-8, 66121 Saarbrücken, Deutschland / Germany
Email: info@frommverlag.de

Herstellung: siehe letzte Seite /
Printed at: see last page
ISBN: 978-3-8416-0579-5

Inhaltsverzeichnis

Vorwort

Wenn ein nahestehender Mensch gestorben ist, stellen alle, die Trauer tragen, dieselben existentiellen Fragen: Was geschieht nun mit ihm oder mit ihr? Gibt es ein Weiterleben jenseits der Schwelle des Todes und wenn ja, wie kann ich es mir vorstellen? Was hat es mit der Auferstehung der Toten und dem ewigen Leben auf sich, von denen immer wieder die Rede ist?

Eigentlich wäre davon auszugehen, dass Mitglieder der christlichen Gemeinde, um die es hier vorrangig geht, diese Fragen gar nicht stellen dürften und brauchten, da ja die christliche Glaubenslehre, die Dogmatik, seit alters her darauf biblisch fundierte und tröstliche Antworten parat hält.

Allerdings können die meisten Menschen unserer Zeit, auch wenn sie praktizierende Christinnen und Christen sind, mit den tradierten Bildern und Texten der Bibel und den daraus abgeleiteten Glaubenslehren nur noch wenig oder gar nichts mehr anfangen.

Zum Teil herrscht auch, angesichts des großen Marktes der religiösen Möglichkeiten unserer Zeit, eine große Verunsicherung darüber, was denn überhaupt christliche Lehre sei. Das liegt nicht zuletzt daran, dass gerade im Protestantismus mehrere einander widersprechende Ansätze durch die Theologie der Neuzeit hervorgebracht wurden, die auch die theologische Ausrichtung und Frömmigkeit der Pfarrerinnen und Pfarrer nachhaltig geprägt und hat.

Aus diesen Überlegungen ergeben sich die Fragen, wie evangelische Pfarrerinnen und Pfarrer heute den Hinterbliebenen beim Abschied von einem nahestehenden Menschen angemessen beistehen und Trost spenden können, welche Worte und Gesten für die jeweilige Situation passend sind, welche Rolle sie selbst dabei einnehmen und was die Menschen von ihnen erwarten.

Daraus folgt auch eine Selbstreflexion: Wie steht es um meine eigene theologische Position? Bin ich von dem, was ich oft in alten Worten und Bildern beschreibe und sage, auch selbst überzeugt? Wirke ich authentisch als ChristIn, SeelsorgerIn und TheologIn - und bin ich es auch wirklich?

Gerade deshalb sind in der heutigen Zeit zwei Aspekte besonders wichtig: 1. als Pfarrerin und Pfarrer die eigene theologische Position glaubwürdig zu vertreten und 2. diese auch für die Gemeinde verständlich und nachvollziehbar zu kommunizieren.

Mit dem vorliegenden Buch sollen genau diese Ziele verfolgt werden: Interessierten Leserinnen und Lesern, die kein theologisches Hintergrundwissen mitbringen, von den Aussagen der Bibel ausgehend, die geschichtliche Entwicklung der christlichen Lehre von den letzten Dingen, der Eschatologie, näher zu bringen. Daraus erwachsend soll die persönliche Position der Verfasserin erläutert und im Blick auf ihre seelsorgerliche Tätigkeit als evangelische Gemeindepfarrerin beschrieben werden.

Ein besonderer Schwerpunkt dieser Arbeit liegt dabei auf der musikalischen Rezeption und Umsetzung: Zum Thema passend ausgewählte geistliche Musik soll helfen, Bibeltexte und Worte aus der kirchlichen Tradition leichter verständlich und zugänglich zu machen. So können die Leserinnen und Leser mit Hilfe der Musik noch einen anderen Zugang zur Thematik erhalten bzw. das Gelesene auditiv vertiefen.

Die erste Idee, diese Gedanken zu veröffentlichen, entstand während der Vorbereitung eines Vortrages über die Feier der Aussegnung im Rahmen der evangelischen Erwachsenenbildung. Zum Thema „Aussegnung" ist im Jahr 2014 von der Verfasserin im Fromm-Verlag eine kleine Schrift unter dem Titel *„Er geleite dich durch das Dunkel des Todes in sein Licht" – Die Aussegnung – ein vor der Vergessenheit zu bewahrendes evangelisches Abschiedsritual* erschienen.

Auf Anmerkungen und Fußnoten wurde bewusst verzichtet. Die verwendete und zitierte Literatur ist im Literaturverzeichnis vollständig aufgeführt und nachgewiesen.

Mein besonderer Dank gilt der Inhaberin der Fach- und Profilstelle Gesellschaftliche Verantwortung, Doris Wirkner, für die Idee und Anregung, das Thema „Aussegnung“ im Rahmen des Jahresthemas „Mit Leib und Seele“ der Dekanats-AG Grünberg-Kirchberg-Hungen in einer Veranstaltungsreihe der Erwachsenenbildung interessierten Personen näher zu bringen.

Dem Fromm-Verlag, besonders Frau Tabea Bergner, danke ich, dass auch diese Arbeit wieder in das Verlagsprogramm aufgenommen wurde und als Buch erscheinen darf.

Ebenso danke ich meinem Mann, Dr. Rainer-Michael Lüddecke, der auch diesmal wieder die redaktionelle Betreuung und das Korrekturlesen übernommen hat.

Groß-Eichen/Laubach am Fest der Auferstehung unseres Herrn

ANNO DOMINI MMXV

Einleitung

Wenn man heute von der „guten alten Zeit“ spricht, wird oft und gerne darauf verwiesen, dass früher Vieles besser und einfacher gewesen sei.

Im Blick auf die evangelische Lehre von den sog. „letzten Dingen“, der Eschatologie, trifft diese Aussage meines Erachtens ganz sicher zu. Gibt es heute, auch dank der modernen Medien, einen unüberschaubaren Markt der religiösen Möglichkeiten und Positionen, der es vielen Sinnsuchenden einfach macht, sich aus allen Angeboten die passende und individuelle Religion wie in einem Baukastensystem selbst passend zusammenzustellen, so war das, was als offizielle Lehre Gültigkeit hatte, in früheren Zeiten viel strenger, strukturierter und übersichtlicher geregelt. Natürlich führte dies auch zu Missbrauch der Macht und Bevormundung der Gläubigen durch die kirchliche Obrigkeit, aus deren fester Umklammerung sich die Menschen nach und nach befreiten, emanzipierten und nach eigenen und unabhängigen Wegen suchten. Doch allzu viel Freiheit und gar keine akzeptierten Orientierungsstrukturen, wie wir es in der Moderne nur allzu oft erleben, führen zu Unwissenheit, Ratlosigkeit und - im Angesicht des Todes - zu absoluter Hilflosigkeit.

Wir wollen im Folgenden die geschichtliche Entwicklung der christlichen Lehre von der Eschatologie betrachten und die Stichhaltigkeit der gerade getroffenen Aussage überprüfen.

Beginnen wir mit einer gedanklichen Zeitreise und gehen wir nun zunächst rund 450 Jahre zurück. Es ist die Phase des Übergangs von der Spätrenaissance zum Frühbarock. Zahlreiche Auseinandersetzungen, besonders auf dem Gebiet der Religion, haben dieses 16. Jahrhundert geprägt, die evangelischen Konfessionen haben sich konstituiert und ringen als Erben der Reformation um die Festsetzung der richtigen Glaubenssätze und grenzen sich klar von der Römisch-Katholischen Kirche ab. Diese wiederum läutet nach ihrer inneren und äußeren Erneuerung durch das Konzil von Trient (Tridentinum, 1545-1563) die Gegenreformation ein, um verlorene Gebiete und Gläubige für den katholischen Glauben zurückzugewinnen. Die Sprache der Theologen dieser Zeit ist auf beiden Seiten von Polemik und einer ideologischen Beeinflussung der Gläubigen geprägt. Gerade auch im Blick auf die eschatologische Erwartung und die Frage, was nach dem Tod geschieht, gibt es auf jeder Seite feste und eindeutige Positionen.

Am 2. Juli des Jahres 1569 fügte der evangelische Theologe und Kirchenlieddichter Martin Schalling (1532-1608) seiner Predigt ein Schlussgebet an, das zu einem bekannten und heute noch in unseren Gesangbüchern stehenden Choral wurde: *Herzlich lieb hab ich dich, o Herr* (*EG* 397). Die Melodie zu diesem Choral erschien erstmals im Jahre 1577 (Straßburg). Besonders die dritte und letzte Strophe wurde berühmt und ist für unsere nachfolgenden Betrachtungen relevant:

Ach Herr, lass dein lieb' Engelein
an meinem End die Seele mein
in Abrahams Schoß tragen.
Der Leib in seim Schlafkämmerlein
gar sanft ohn alle Qual und Pein
ruh bis zum Jüngsten Tage.
Alsdann vom Tod erwecke mich,
dass meine Augen sehen dich
in aller Freud, o Gottes Sohn,
mein Heiland und mein Gnadenthron.
Herr Jesu Christ, erhöre mich,
erhöre mich.
Ich will dich preisen ewiglich.

Besonders durch die Rezeption des ganzen Chorals als Motette (SWV 387) durch Heinrich Schütz (1585-1672) in seiner *Geistlichen Chormusik* (op. 11), veröffentlicht 1648, erlangten Schallings Worte große Bekanntheit. Franz

Tunder schuf aus dieser dritten Strophe eine Choralkantate, die 1664 erschien. Dietrich Buxtehude (1637-1707) schrieb zum gesamten Choral eine Kantate (BuxWV 41), die 1668 entstand.

Den großen Durchbruch erlangten Schallings Worte aber durch Johann Sebastian Bach (1685-1750): Die dritte Strophe wurde zum Schlusschoral der *Johannespassion* (BWV 245), Uraufführung zu Karfreitag 1724 und zum Schlusschor seiner Kantate *Man singt mit Freuden vom Sieg* (BWV 149), Uraufführung zu Michaelis 1728 oder 1729. Ferner bildet die erste Strophe des Chorals *Herzlich lieb hab ich dich, o Herr* den Schlusschor in Bachs Kantate *Ich liebe den Höchsten von ganzem Gemüte* (BWV 174), Uraufführung zum Pfingstmontag 1729.

In dieser einen Liedstrophe, die als Gebet formuliert ist, finden wir die gesamte eschatologische Lehre des Luthertums des 16. Jahrhunderts präzise zusammengefasst: Zunächst einmal setzt Schalling, ganz wie es dem Glauben seiner Zeit entsprach, voraus, dass nach dem Tod des Menschen eine Trennung von sterblichem Leib und unsterblicher Seele stattfindet. Darauf bauen die nun folgenden Aussagen und Bitten des Gebetes auf. Seine biblische Grundlage finden wir im Lukasevangelium in der Geschichte von dem reichen Mann und dem armen Lazarus (Lk.16,19-31). Jesus erzählt in diesem Gleichnis von zwei Männern: Da ist auf der einen Seite ein sehr reicher Mann, der sich in Purpur und feines Leinen kleidet und jeden Tag prächtig und in Freuden lebt. Vor seiner Tür liegt der arme und von Geschwüren befallene Lazarus, der sich danach sehnt, einiges von dem abzubekommen, was vom Tisch des reichen Mannes herunterfällt. Stattdessen aber kommen die Hunde und lecken seine Geschwüre ab.

Dann wird berichtet, dass beide sterben. Lazarus wird von Gottes Engeln in Abrahams Schoß getragen, der reiche Mann wird begraben und findet sich in der Unterwelt wieder, wo er unerträgliche Qualen leidet. Von dem Ort, an dem er sich befindet, kann er hinüberschauen zu Lazarus, der von Abraham umsorgt wird und in dessen „Schoß“ sitzt.

Für unsere Betrachtung ist, unabhängig von allen Auslegungen und Interpretationen dieses Gleichnisses, eines wichtig: Jesus setzt in seiner Erzählung eine Trennung von Leib und Seele nach dem Tod eines Menschen voraus, denn es wird in Vers 22 ausdrücklich gesagt, dass der Reiche begraben wurde und sich danach in der „Unterwelt“ wiederfindet. Ob Lazarus‘ Körper auch bestattet wurde, bleibt offen, von ihm wird nur berichtet, dass Lazarus‘ Seele von den Engeln Gottes in „Abrahams Schoß“ getragen wurde.

Ein zweiter Aspekt ist ebenso relevant: Jesus erwähnt zwei sehr verschiedene Aufenthaltsorte für die menschlichen Seelen nach dem Tod: die „Unterwelt“, also den Ort, den man modern als Hölle bezeichnen würde und an den die Seelen derer kommen, die nicht nach Gottes Willen gelebt und gehandelt haben, und „Abrahams Schoß“, ein Synonym für das, was wir als Paradies bezeichnen würden.

Vor diesem Hintergrund werden die ersten drei Verse unserer Liedstrophe verständlicher: Der fromme Beter bittet Gott, dass nach seinem Tod die Engel seine Seele, wie einst die des Lazarus, in „Abrahams Schoß“, also ins Paradies, tragen mögen. Der sterbliche und vergängliche Leib hingegen möge in der Erde bestattet werden - Schalling spricht hier vom „Schlafkämmerlein“ und davon, dass der Leib ohne alle Qualen so lange ruhen möge, bis Gott ihn am Jüngsten Tage wiedererwecken werde.

In diesen Gedanken eingeschlossen ist auf jeden Fall auch das Wissen darum, dass von dem sterblichen Leib am Tag der Auferweckung nichts mehr vorhanden sein wird. Die Auferweckung des Verstorbenen durch Gott am „jüngsten Tage“ und damit die leibliche Auferstehung der Toten, die fester Bestandteil des christlichen Glaubens war und ist, wird in Schallings Gebet dahingehend konkretisiert, dass ein verwandelter, geistlicher Leib auferstehen wird, mit allen bisherigen Funktionen ausgestattet („*dass meine Augen sehen dich*“), aber eben doch anders, als er zu Lebzeiten war. Fundamentale biblische Textgrundlagen für diese Aussagen sind einerseits 1. Kor. 15, 35-58 und andererseits Hiob 19,25ff..

Wir erkennen in Martin Schallings Gebet den wichtigen Dreischritt der eschatologischen Lehre des Luthertums seiner Zeit, die auch heute nichts von ihrer Aktualität verloren hat: 1. den Tod, und damit verbunden, die Trennung von Leib und Seele, 2. einen Zwischenzustand, in dem sich die Seelen der Verstorbenen befinden, und das Begraben und Vergehen des sterblichen Leibes und 3. die Auferweckung der Verstorbenen am „Jüngsten Tage“ durch Gott und damit die Zusammenführung von Seele und verwandeltem Auferstehungsleib.

Ein vierter ebenso wichtiger Aspekt wird nicht explizit erwähnt, steht aber im Hintergrund der letzten Verse dieser Liedstrophe: das Jüngste Gericht und die erneuerte Erde, von denen im letzten Buch der Bibel, der Offenbarung des Johannes, berichtet wird (vgl. Offb. 21). Der gläubige Beter spricht: „…in aller Freud, o Gottes Sohn, mein Heiland und mein Gnadenthron. Herr Jesu Christ, erhöre mich, erhöre mich. Ich will dich preisen ewiglich.“

Diese Ausführungen zeigen uns die gültige Position der lutherischen Eschatologie nach der Reformation, die noch unbeeinflusst ist von den Gedanken der Aufklärung und der aufkommenden modernen Wissenschaften. Zugleich finden wir in ihnen auch die klare Abgrenzung zur eschatologischen Lehre der Römisch-Katholischen Kirche mit der Vorstellung des Fegefeuers und des damit eng verbundenen Ablasshandels.

Doch woher stammt eigentlich die christliche Lehre von sterblichem Leib und unsterblicher Seele, und welche Entwicklungen und Differenzierungen hat sie im Laufe der Kirchen- und Theologiegeschichte bis heute erfahren, wo genau liegen die konfessionellen Unterschiede?

Relevant ist ferner die Frage, welche abweichenden Positionen ihr entgegengestellt wurden und wie stichhaltig diese sind.

Schließlich soll auch geklärt werden, warum es gerade in der heutigen Zeit für die Evangelische Kirche wichtig ist, eine konkrete, biblisch fundierte und Trost spendende Antwort auf die Frage nach dem „Danach“ zu geben und sich damit auch von den zahlreichen esoterischen Spekulationen und dem aus den fernöstlichen Religionen stammenden Reinkarnationsgedanken eindeutig zu distanzieren.

Um auf dieser Suche Antworten zu finden, ist es nun nötig, noch weiter in der Geschichte zurückzugehen, um die Ursprünge in der Zeit des Alten Testaments und der Antike zu entdecken.

A. Die biblischen Ursprünge der christlichen Eschatologie

Auf unserer Zeitreise sind wir am Ausgangspunkt angekommen und schauen zunächst auf die eschatologischen Grundlagen im Alten und Neuen Testament.

Um eines gleich vorauszuschicken: Wir werden mit voranschreitender Zeit und der zeitlichen Annäherung des AT an das NT eine grundlegende Veränderung der Vorstellung von dem, was nach dem Tode geschieht, beobachten können. Diese ist – gerade im Blick auf die eschatologischen Aussagen Jesu und des gesamten NT – von besonderer Relevanz, weil sie auch auf die Streitgespräche und Gleichnisse Jesu ein besonderes Licht werfen wird.

Die Frage, was mit dem Menschen nach seinem Tod geschehen wird (Eschatologie), lässt sich von der Frage, was der Mensch zu Lebzeiten ist (Anthropologie), nicht trennen. Und schließlich ist die Eschatologie auch ohne das erlösende Heilshandeln Jesu Christi (Christologie und Soteriologie) gar nicht möglich. Hierin erkennen wir einen ersten Zusammenhang der christlichen Dogmatik, den uns nun das biblisch-christliche Denkmodell besser verständlich macht.

1. Der Mensch in der biblisch-christlichen Anthropologie

Beginnen wir mit der christlichen Anthropologie, soweit sie für unsere Fragen im Blick auf die Eschatologie relevant sein wird: In den ersten beiden Kapiteln des Buches Genesis stehen die beiden Schöpfungsberichte, wobei der ältere (Gen. 2, 4b-25) hinter dem neueren steht (Gen. 1, 1-2,4a). Das hat, wie wir gleich sehen werden, auch einen bestimmten Grund. Wichtig ist festzuhalten, dass beide Schöpfungsberichte keine naturwissenschaftlichen Aussagen sind und daher auch keinerlei Anspruch erheben, als solche verstanden zu werden. Sie drücken vielmehr zeitgebundene Vorstellungen der Menschen vor rund 3000 Jahren aus und sind für uns Belege des Schöpferhandelns Gottes, den wir hinter all den Vorgängen, wie auch immer sie tatsächlich abgelaufen sein mögen, erkennen können.

Dieses Verständnis lässt uns auch die modernen und heute wissenschaftlich gültigen Theorien von der Entstehung der Erde und des Lebens auf ihr (Urknall, Evolution) mit den Aussagen der Bibel in Einklang bringen. Und mit diesem Verständnis, dass Gott der Schöpfer ist, können wir auch hinter den naturwissenschaftlichen Theorien Gott als Schöpfergott begreifen!

Auch wenn die biblischen Schöpfungstexte keine naturwissenschaftlichen Aussagen enthalten, so steckt in ihnen dennoch ein theologisches Programm, auf dem die christliche Anthropologie und damit auch die Christologie, die Soteriologie und die Eschatologie aufbauen. Gerade die biblischen Aussagen zu diesen einzelnen Themenkomplexen und Fragestellungen werden sich, wie zu zeigen sein wird, immer auf diese Texte beziehen. Nur von diesem Verständnis her wird dann z.B. deutlich werden, was der Apostel Paulus meint, wenn er von Jesus Christus als dem „neuen Adam" spricht (Röm. 5; 1. Kor. 15).

Schauen wir zunächst auf die Aussagen des ersten Schöpfungsberichtes im Blick auf den Menschen (Gen. 1, 26ff.): Gott schuf den Menschen als Mann und Frau zu seinem Ebenbild (es sei noch einmal betont, dass wir uns mit diesem Satz des Glaubens den naturwissenschaftlichen Aussagen und Theorien voll anschließen können und es keine konkurrierenden Positionen gibt). Durch diese „Gott-Ebenbildlichkeit" wird dem Menschen ein besonderer Status verliehen, der ihn über die anderen Geschöpfe stellt. Der Mensch besitzt eine Sonderstellung und ist durch Gott ermächtigt, über die Natur zu herrschen (wobei gewiss nicht daran gedacht war, dass der Mensch die Natur zu seinen Zwecken missbraucht und zerstört).

Direkt im Anschluss folgt der zweite Schöpfungsbericht (Gen. 2, 4b-25): Hier steht der Mensch im Mittelpunkt der Vorgänge, und dieser (zeitlich ältere) Bericht ist Ausgangspunkt für alle nachfolgenden Erzählungen. Für unsere Betrachtung ist Gen. 2,7 besonders wichtig, da dieser Vers eine wichtige Ergänzung zur Aussage der Gottebenbildlichkeit in Gen. 1,26 ist. Dort wird berichtet, dass Gott den Menschen aus der Erde des Ackers (der Mensch entstand also aus unbelebter Materie) schuf und ihm den „Odem des Lebens" in die Nase blies. Erst durch den „Odem des Lebens" wurde der Mensch zu einem „lebendigen Wesen", wie es in der Lutherübersetzung heißt. Die Wichtigkeit dieser Aussage wird aber erst dann vollkommen verständlich, wenn man vom hebräischen Urtext ausgeht: Dort steht „näfäsh chajjah" und das ist zu übersetzen mit „lebendiger Seele". Der aus Materie gebildete und leblose menschliche Körper wurde also erst durch den von Gott eingehauchten „Odem des Lebens" zu einer „lebendigen Seele".

Im Gegensatz zu allen anderen lebenden und beseelten Geschöpfen, nämlich den Tieren, die, wie in Gen. 2, 19 berichtet wird, auch aus Erde geschaffen werden, erhält aber nur der Mensch den Lebensodem Gottes. Dadurch wurde der menschlichen Seele eine zusätzliche Qualität verliehen, nämlich die, die wir als „Geist" bezeichnen können. Dieser „Geist aus Gott", nicht zu verwechseln mit dem Heiligen Geist, verleiht der menschlichen Seele, die der Sitz des Lebens und der Lebendigkeit ist, eine besondere Stellung und wird zum Zeichen ihrer Individualität. Daher kann im Folgenden auch von der „Geistseele“ gesprochen werden.

Nach der biblischen Anthropologie ist also, aufgrund der aufeinander bezogenen Aussagen und des Befundes in Gen. 1,26f. und Gen. 2,7, der Geist das entscheidende Konstitutionselement des Menschen, er qualifiziert die menschliche Seele zur „Geistseele“. Erst durch diesen Geist konstituiert sich der Mensch als Person, als Ich, als eigenständiges Subjekt. Somit ist der Geist Merkmal und Garant der Identität jedes einzelnen Menschen. Der Mensch unterscheidet sich durch das Innewohnen des Geistes in seiner Seele von allen anderen Geschöpfen und wird dadurch zum Ebenbild Gottes. Erst der Geist ermöglicht die Erkenntnis Gottes, nach Martin Luther ist er das Haus, „da der Glaube und Gottes Wort inne wohnt“, und die Triebkraft des Menschen. Und schließlich, das ist für unsere weiteren Beobachtungen besonders relevant und wird an entsprechender Stelle noch ausführlich behandelt werden: Der Geist des Menschen, weil er von Gott stammt, ist unsterblich.

Die beiden grundlegenden alttestamentlichen Textstellen, die im Blick auf die biblische Anthropologie relevant sind, haben wir nun kennengelernt: Gen. 1,26f. und Gen. 2,7. Die entscheidende und mit den beiden AT-Stellen korrespondierende Textstelle im NT ist 1. Thess. 5,23. Dort schreibt der Apostel Paulus: Er aber, der Gott des Friedens, heilige euch durch und durch und bewahre euren Geist samt Seele und Leib unversehrt, untadelig für die Ankunft unseres Herrn Jesus Christus.

In diesen Worten des Paulus finden wir die zuvor durch die Analyse der Genesisstellen festgestellte Trichotomie (Dreiteilung) des menschlichen Wesens in Leib, Seele und Geist. Allerdings, darauf soll bereits an dieser Stelle ausdrücklich hingewiesen werden, bilden Geist und Seele eine untrennbare Einheit, worauf auch Paulus im 1. Thessalonicherbrief anspielt.

Die erste Komponente, den Geist des Menschen, haben wir inzwischen genauer analysiert, nun ist es an der Zeit, auf die beiden anderen genannten Komponenten zu schauen: die Seele und den Leib.

Die Seele des Menschen ist der Sitz des Lebens, sie ist das verbindende Element zwischen dem Geist, der in ihr ist, und dem Leib, in dem sie sich befindet. Auch die Seele ist, neben dem Geist, die Bezeichnung des Individuums und steht für das „Ich" des Menschen. Gemeinsam mit dem Geist bildet sie das Innere des Menschen und ist daher ebenfalls unsterblich.

Der Leib ist der äußere, sichtbare Teil des Menschen, der Veränderungen unterliegt, der erforscht werden kann und sterblich und vergänglich ist.

Im 2. Korintherbrief (2. Kor. 4,16 - 5,10) nimmt der Apostel Paulus auf die Veränderungen und die Vergänglichkeit des Leibes und die Ewigkeit der Seele direkt Bezug. Zunächst spricht er davon, dass, wenn auch der äußere Mensch, also der Körper, von Tag zu Tag verfalle, der innere Mensch doch von Tag zu Tag erneuert werde. Im Anschluss vergleicht er den menschlichen Körper mit einer Hütte, die abgebrochen werde und einem Haus weichen müsse, das von Gott gebaut ist und ewig sein werde.

Aus diesen Ausführungen ergibt sich nun die Frage, warum es eigentlich so sein muss, dass der Körper vergänglich und sterblich und die Seele mit dem innewohnenden Geist unvergänglich und unsterblich ist.

Auch hier liefern uns das Buch Genesis und analog dazu im NT der Apostel Paulus eine entsprechende biblisch-theologische Erklärung. Ursprünglich, so ist Gen. 2,9 zu entnehmen, lag es in Gottes Absicht, dem Menschen mit Geist, Seele und Leib neben der Gabe der Erkenntnis von Gut und Böse Unsterblichkeit zu schenken. Die beiden in Gen. 2,9 erwähnten Bäume stehen symbolisch dafür: der Baum des Lebens und der Baum der Erkenntnis des Guten und des Bösen. Allerdings war es dem ersten Menschenpaar, das

Buch Genesis nennt sie Adam (hebräisch für „Mensch") und Eva (hebräisch für „Leben"), verboten, die Früchte von diesen Bäumen zu essen. Da sie zuvor noch nicht davon gegessen hatten, waren sie weder im Besitz der Unsterblichkeit - aber auch nicht der Sterblichkeit anheimgegeben - noch im Besitz der Erkenntnis von Gut und Böse.

Doch das Unglück nahm seinen Lauf: Das erste Menschenpaar, das symbolisch als das Stammelternpaar aller Menschen gilt (auch hier ist zu beachten: Diese Geschichte ist kein historischer Tatsachenbericht im eigentlichen Sinne, sondern eine theologische Erklärung), hat dieses Verbot Gottes übertreten - in Gen. 3 wird darüber ausführlich berichtet es ist die Geschichte vom sog. „Sündenfall". Die Schlange, die als das klügste und listigste aller tierischen Geschöpfe Gottes gilt (vgl. Gen. 3,1) und in der christlichen Tradition (schon im NT, vgl. Offb. 12,9) als die Verkörperung des Teufels und des Bösen gedeutet wird, überredet Eva, die Frucht vom Baum der Erkenntnis zu essen und auch Adam davon zu geben. Nun erkennen beide ihre Nacktheit, schämen sich und verbergen sich vor Gott. Von Gott aufgespürt und zur Rede gestellt, bekennen beide, dass sie trotz des Verbotes die Frucht vom Baum der Erkenntnis gegessen haben. Im Folgenden wird Gottes Reaktion geschildert; eine der Konsequenzen ist, dass der Leib des Menschen vergänglich sein wird, denn aus Erde ist er genommen und zu Erde soll er wieder werden.

Nach christlicher Auslegung ist das der Beginn der Sterblichkeit des Menschen, bedingt durch Adams und Evas Sünde des Ungehorsams. Daher wird der Apostel Paulus dann im Römerbrief formulieren (vgl. Röm. 6,23), dass „der Tod der Sünde Sold" ist. Mit der Sünde haben sich die Menschen also den Tod verdient. Kurz zuvor hat der Apostel Paulus dafür die Erklärung bereits geliefert (vgl. Röm. 5,12): Wie durch einen Menschen, nämlich Adam, die Sünde in die Welt gekommen sei und der Tod durch die Sünde, so sei der Tod zu allen Menschen durchgedrungen. Der Tod ist demnach nichts Natürliches, sondern Folge der menschlichen Schuld, die Sünde hat uns Menschen sterblich gemacht; die Sünde ist der Ursprung des Todes.

Bevor Adam und Eva gesündigt hatten, wäre die Unsterblichkeit möglich gewesen. Wenn sie nicht gesündigt hätten, hätten sie in völliger Harmonie mit Gott im Paradies gelebt. Weil aber das erste Menschenpaar in Sünde fiel, zerbrach die Harmonie mit Gott. Der Ungehorsam gegen den Allmächtigen machte sie sterblich. Aber sie verfielen nicht augenblicklich dem Tod, vielmehr trugen Adam und Eva nun gewissermaßen eine ‚Zeitbombe' mit sich, denn ihre Körper erhielten ein ‚Verfallsdatum'. Zur Verdeutlichung des gebrochenen Verhältnisses wurden sie aus dem Garten Eden vertrieben, auch um zu verhindern, dass sie den Baum des Lebens noch erreichen könnten. Mit dieser Sünde pflanzte sich die Sterblichkeit von einer Generation zur nächsten fort, der Mensch schien auf ewig verloren zu sein.

Doch sollte dieses gestörte Verhältnis tatsächlich auf ewig manifestiert sein oder würde Gott den Menschen ein Angebot zur Versöhnung und Wiederherstellung der verlorengegangenen Harmonie zwischen ihm und den Menschen machen? Und wenn ja, wie?

Die Antwort auf das biblisch-anthropologische Fundament des verlorenen sündenbeladenen Menschen im Alten Testament geben nunmehr die neutestamentliche Christologie und Soteriologie, auf deren Aussagen dann die Eschatologie aufbauen wird.

Zuvor muss aber, des besseren Verständnisses wegen, noch geklärt werden, was denn nach biblisch-alttestamentlicher Vorstellung mit der unsterblichen, von Gott dem Menschen verliehenen Geistseele geschieht, wenn der Mensch gestorben ist.

2. Eschatologische Gedanken und Vorstellungen im Alten Testament

Das AT kennt verschiedene eschatologische Vorstellungen im Blick auf ein Leben nach dem Tod bzw. einer Weiterexistenz über die Grenze des Todes hinaus. Die Vorstellung einer Auferstehung der Toten bzw. die Auferstehung aus dem Tod als Beginn eines neuen, ewigen Lebens, wie sie später für das Christentum prägend und grundlegend sein wird, hat sich erst zu sehr später Zeit und vor allem durch den Hellenismus (der auch die Unsterblichkeit der Seele lehrte, allerdings unter ganz anderen Bedingungen und mit ganz anderen Folgen für die Erlösung der menschlichen Seele) beeinflusst, ausgeprägt. Sie steht am Ende einer langen theologiegeschichtlichen Entwicklung der Todes- und Jenseitsvorstellungen im AT, die wiederum von zentraler Bedeutung für die frühjüdische und christliche Auferstehungsvorstellung ist.

So lassen sich im AT mehrere Vorstellungen eines postmortalen Lebens unterscheiden, die teilweise auch nebeneinander bestehen können und konnten.

Die frühesten und ältesten Jenseitsvorstellungen des AT beinhalten, dass der Tote am Ende seines Lebens „zu seinen Vätern versammelt wird“ (Gen. 25,8.17; Gen. 35,29) und in das Totenreich, die Scheol (auch maskulin gebraucht), hinabsteigt (vgl. z.B. Ps. 28,1; Ps. 30,4). Das alttestamentliche Israel teilte mit seiner altorientalischen Umwelt die Vorstellung einer schattenhaften Existenz der Toten in der Unterwelt (also ihrer Geistseelen, da ja der Körper auf jeden Fall aufhört zu existieren bzw. der Verwesung und Vergänglichkeit preisgegeben ist), im Land des Staubes (vgl. z.B. Ps. 22,30; Jes. 26,19), der Finsternis (vgl. z.B. Hi. 10,21-22; Hi. 17,13; Ps. 88,7.13) und des Vergessens (vgl. z.B. Ps. 88,13). Diese Totenexistenz ist durch eine verminderte Form des Lebens, durch Kraft- und Bewusstlosigkeit, Schwäche (vgl. Hi. 14,21; Ps. 88,5; Jes. 14,10) und Unwissenheit (vgl. Koh. 9,5) gekennzeichnet. Diese Vorstellung ist, wie gezeigt, die früheste und älteste, sie ist aber bis in die Spätzeit des AT hinein belegt.

Eine Verbindung zwischen der Welt der Lebenden und der Toten erfolgte dieser Vorstellung gemäß im Rahmen der Familienfrömmigkeit über Ahnenverehrung und Totenkult (vgl. 1. Sam. 28). Offiziell hingegen bestand eine strikte Trennung zwischen JHWH, dem Gott des Lebens (vgl. 2. Kön. 19,4; Ps. 42,3), und den Toten. Das Totenreich lag als Ort der Gottesferne außerhalb des Machtbereichs Gottes, und, so die Annahme, die Toten loben JHWH nicht (vgl. Ps. 6,6; Ps. 30,10; Ps. 88,11-13; Jes. 38,18-19; Sir.17,25-26).

Einen tiefen Einschnitt bildet die sog. Exilszeit (Zerstörung des Jerusalemer Tempels und Wegführung der jüdischen Oberschicht nach Babylon) 587/86 v. Chr. bis zur Rückkehr unter dem persischen König Kyros 538 v. Chr. Es erfolgte ein theologisches Umdenken, und auch die eschatologische Ausrichtung wurde neu bedacht. So geht es in nachexilischer Zeit nun vordergründig um die Frage nach der Gerechtigkeit Gottes angesichts des Leidens des Frommen und um eine Hoffnung auf eine Gottesgemeinschaft des Frommen auch jenseits der physischen Todesgrenze. Vorbereitet werden diese Aussagen durch die Klage- und Dankpsalmen des Einzelnen mit ihren punktuellen Rettungsaussagen (Gott rettet aus dem Tod mitten im Leben, der als Krankheit und Gefangenschaft, Einsamkeit und Verfolgung ins diesseitige Leben hineinragt; vgl. Ps. 88,4-10 u.a.) sowie durch Ps. 16,10-11 mit seiner Hoffnung auf eine dauerhafte Bewahrung vor dem Tod. Unter Rezeption der Entrückungsvorstellung (vgl. Henoch: Gen. 5,24; Elia: 2. Kön. 2,3.5.9-10) wird in Ps. 49,16 und Ps. 73,24 eine personale Aufnahme des Beters bei Gott nach dem Tod erwartet (vgl. Ps. 73,24). Über Art und Weise eines Lebens nach dem Tod machen die genannten Psalmen jedoch keine nähere Aussage.

Einen wichtigen Anknüpfungspunkt für die Ausbildung einer Auferstehungshoffnung bietet zunächst die Vorstellung vom kollektiven Wiederaufleben des

Volkes (vgl. Hos. 6,1-3; dieser Bibelstelle liegt die Vorstellung vom Wiederaufleben des Volkes gleich der Natur zugrunde: JHWH heilt das Volk und belebt es neu). Beim Propheten Hesekiel (vgl. Hes. 37,1-14) findet sich die Vision von der Neubelebung und Neuschöpfung der Totengebeine durch Gottes Atem (vgl. Gen. 2,7).

Die eigentliche Vorstellung der individuellen Auferstehung der Toten findet sich erst in der apokalyptisch-prophetischen Literatur der hellenistischen Zeit (ab dem vierten vorchristlichen Jahrhundert). Sie ist deutlich zu unterscheiden von den (zeitlich sehr viel früheren) Berichten über die sog. „Entrückung" eines lebenden Menschen unter Umgehung des Todes (vgl. Henoch: Gen. 5,24; Elia: 2. Kön. 2,3.5.9-10) und den Aussagen über Totenerweckungen (vgl. 1. Kön. 17,17-24; 2. Kön. 4,8-37), die von einer Rückkehr ins diesseitige Leben sprechen, das wiederum mit dem Tod endet.

In den Aussagen über die Totenauferstehung geht es hingegen um ein neues und unvergängliches Leben für bereits Verstorbene und um eine endgültige Überwindung des Todes. So heißt es in der sog. Jesaja-Apokalypse (Jes. 24-27), Gott werde den Tod für immer verschlingen (Jes. 25,8) - eine Kontrastaussage zu der älteren Vorstellung, dass die Unterwelt den Menschen verschlinge (vgl. Ps. 69,19; Jes. 5,14). In Jes. 26,19 wird von der apokalyptischen Wiedergeburt der Toten aus der Erde gesprochen und gesagt, dass „die Toten leben, die Leichname aufstehen werden. Darum sollen die Bewohner des Staubes aufwachen und jubeln, denn die Erde wird die Schatten, also die Toten, gebären. Damit wird die Feststellung von Vers14, dass Tote nicht lebendig werden und Schatten nicht aufstehen, aufgehoben. Den wichtigsten und unumstrittenen alttestamentlichen Beleg für eine Auferstehungserwartung findet sich im Danielbuch. Unter dem Eindruck der religiösen Verfolgungen und Auseinandersetzungen der Makkabäerzeit (im zweiten Jahrhundert vor Christus) stellt sich angesichts der Martyriumserfahrungen der

Gerechten die sog. Theodizeefrage (Frage nach der Gerechtigkeit Gottes angesichts des Leidens des Menschen). Die Antwort findet man in der Hoffnung auf eine postmortale Gerechtigkeit, wenn, so heißt es, die vielen, die im Land des Staubes schliefen, aufwachen würden, die einen zum ewigen Leben, die anderen zur Schmach, zu ewigem Abscheu (vgl. Dan. 12,2).

Die Texte, die von der Auferstehung sprechen, greifen z.T. auf die traditionelle Jenseitsvorstellung zurück: So wird unter Aufnahme der Vorstellung vom Tod als Schlaf (vgl. Hi. 3,13ff; Hi. 14,12) die Auferstehung in Jes. 26,19 und Dan. 12,2 als „Aufwachen" beschrieben; z.T. werden auch Gegenbilder zur traditionellen Jenseitsvorstellung entworfen: Jes. 26,19 hebt die Trennung von JHWH und den Toten explizit auf und spricht den Toten eine Gottesbeziehung zu („deine Toten – meine Leichname"), und Gotteslob und Jubel der Toten (vgl. Jes. 26,19; vgl. Ps. 22,30) stehen im Kontrast zum Topos vom Verstummen des Lobpreises im Tod (vgl. Ps. 6,6; Ps. 30,10; Jes. 38,18-19).

Neben diesen theologischen Ansätzen zur Überwindung der Todesgrenze leben jedoch auch traditionelle überlieferte Todes- und Jenseitsvorstellungen weiter (vgl. Hi. 14,7-12). Darüber hinaus bleibt die Erwartung einer Auferstehung der Toten und damit verbunden eines ewigen Lebens innerhalb des AT nicht unumstritten, wie die Kritik von Kohelet (Buch des Predigers) zeigt (vgl. Koh. 3,19-22; Koh. 6,6; Koh. 9, 1-6).

Kohelet steht damit am Beginn eines Diskurses um Jenseitserwartungen, der sich in neutestamentlicher Zeit in der Auseinandersetzung zwischen den Pharisäern als Vertretern einer Auferstehungserwartung und den Sadduzäern, die eine solche Hoffnung zurückweisen, zuspitzen wird.

3. Die Auferstehungshoffnung im Neuen Testament

Auf den vorangegangenen Seiten wurde deutlich, wie sich im Laufe der alttestamentlichen Zeitgeschichte die Jenseitsvorstellungen und –erwartungen verändert haben. Zur neutestamentlichen Zeitenwende gab es in den verschiedenen religiösen Strömungen des Judentums daher unterschiedliche Ansichten und Positionen, die sich z.T. auch widersprachen.

Die Evangelien berichten uns von verschiedenen Streitgesprächen und Auseinandersetzungen Jesu mit den Vertretern der Pharisäer und Sadduzäer.

In der Vorstellung der Sadduzäer bedeutete Auferstehung, dass die begrabenen, verwesten Körper wiederbelebt würden, so als sollten frühere Verhältnisse vor dem Tod wiederhergestellt werden. Dies haben sie zu Recht als undenkbar und absurd abgelehnt. Da sie sich die Auferstehung aber nicht anders denken konnten, wollten sie Jesus gegenüber die Vorstellung von der Auferstehung lächerlich machen und stellten ihm die Frage, wem denn in der Auferstehung eine Frau gehören werde, die nach dem Tod ihres Mannes der Reihe nach seine 7 Brüder heiratete, die alle auch starben (vgl. Mk. 12,18-27; Mt. 22, 23-33; Lk. 20, 27-38). Jesus durchschaute ihre Absicht und korrigierte sie, denn er verstand, wie auch die Pharisäer, Auferstehung völlig anders. So gab er ihnen zur Antwort, dass die Toten, wenn sie auferstehen werden, weder heiraten noch sich heiraten lassen, sondern sein werden wie die Engel im Himmel (vgl. Mk. 12,25).

Aus Jesu Argumentation lässt sich erkennen, dass es um eine völlig andere Seinsweise in der Dimension Gottes geht, also um eine Verwandlung. Darüber wird der Apostel Paulus später in seinen Briefen ausführlich sprechen (vgl. 1. Kor. 15, 51f; Phil. 3, 21; 2. Kor. 3,18), denn auch er denkt die Auferstehung der Toten als Verwandlung und meint den Übergang in eine ganz andere Dimension, nämlich in die Ewigkeitsdimension Gottes, das Eintreten in ein radikal andersartiges, unzerstörbares Leben in und aus Gott. Es geht also nicht um die Wiederherstellung irgendeines früheren Zustandes der Person, sondern um die Verwandlung (Transformation) der Person zu ihrer vollen Identität, zur Erfüllung ihres unerfüllten Wesens in der Gemeinschaft mit Jesus Christus.

Doch bereits direkt nach dem Tod wird eine erste Verwandlung, ein Übergang, stattfinden. Eine bedeutende neutestamentliche Belegstelle finden wir in Lk. 23,43, wo der gekreuzigte Jesus zu dem einen Schächer sagt, dass er heute noch mit ihm im Paradies sein werde.

Gott wird im Augenblick unseres Todes eine Verwandlung bewirken, nämlich dahingehend, dass die Seele und der Geist den toten Körper verlassen werden. Hierzu kann wieder die Erzählung vom reichen Mann und dem armen Lazarus (vgl. Lk. 16, 19-31) herangezogen werden. In dieser Erzählung verdeutlicht Jesus seinen Zuhörern, dass direkt nach dem Tod die Seele des Menschen den Körper verlässt und an einen neuen Aufenthaltsort gelangt - hier finden wir zwei sehr verschiedene Orte: das Paradies (den Schoß Abrahams) und die Hölle (das Totenreich). Der Ort, den Martin Luther mit „Hölle“ übersetzt hat, wird im griechischen „Hades“ genannt, eine Übersetzung des hebräischen Begriffes „Scheol“.

Soweit zu den Jenseits-Vorstellungen in AT und NT, die als Hintergrund für die folgenden Ausführungen zur Christologie und Soteriologie wichtig sind und deren Verständnis erleichtern.

4. Das Erlösungshandeln Jesu Christi als Antwort auf den Sündenfall

Nun soll sich der Kreis der bisher getroffenen Aussagen und Darstellungen schließen, indem das Erlösungshandeln Jesus Christi als Gottes Versöhnungsangebot an den schuldbeladenen Menschen betrachtet wird.

Im Jahr 1524 verfasste der Nürnberger Ratsherr und Anhänger der reformatorischen Bewegung, Lazarus Spengler (1479-1534), ein Gedicht, das über viele Jahrhunderte zum Kernbestand in den evangelischen Gesangbüchern gehörte. Seine letzte Aufnahme fand es, auf sieben Strophen gekürzt, in das *Evangelische Kirchengesangbuch* (EKG), den Vorläufer des jetzigen *Evangelischen Gesangbuches* (EG). Seine Wittenberger Melodie wurde besonders durch Johann Sebastian Bachs gleichnamige Choralvorspiele (BWV 637 und BWV 705) und Dietrich Buxtehudes Orgelbearbeitung (BuxWV 183) bekannt. Es hat die Erzählung vom Sündenfall und Christi Erlösungshandeln zum Thema. Lazarus Spengler war Teilnehmer am Augsburger Reichstag 1530 und wirkte mit diesem Gedicht auch auf den Wortlaut des 2. Artikels der *Confessio Augustana,* dem Augsburger Bekenntnis, ein:

Durch Adams Fall ist ganz verderbt
Menschlich Natur und Wesen,
Dasselb Gift ist auf uns ererbt,
Daß wir nicht mocht'n genesen
Ohn' Gottes Trost, der uns erlöst
Hat von dem großen Schaden,
Darein die Schlang Eva bezwang,
Gotts Zorn auf sich zu laden.

Weil denn die Schlang Eva hat bracht,
Daß sie ist abgefallen
Von Gottes Wort, welchs sie veracht,
Dadurch sie in uns allen

Bracht hat den Tod, so war je Not,
Daß uns auch Gott sollt geben
Sein lieben Sohn, der Gnaden Thron,
In dem wir möchten leben.

Wie uns nun hat ein fremde Schuld
In Adam all verhöhnet,
Also hat uns ein fremde Huld
In Christo all versöhnet;
Und wie mir all durch Adams Fall
Sind ewigs Tods gestorben,
Also hat Gott durch Christi Tod
Verneut, was war verdorben.

So er uns denn sein Sohn geschenkt,
Da wir sein Feind noch waren,
Der für uns ist ans Kreuz gehenkt,
Getöt, gen Himmel g'fahren,
Dadurch wir sein von Tod und Pein
Erlöst, so wir vertrauen
In diesen Hort, des Vaters Wort,
Wem wollt vor Sterben grauen?

Er ist der Weg, das Licht, die Pfort,
Die Wahrheit und das Leben,
Des Vaters Rat und ewigs Wort,
Den er uns hat gegeben
Zu einem Schutz, daß wir mit Trutz
An ihn fest sollen glauben,
Darum uns bald kein Macht noch G'walt
Aus seiner Hand wird rauben.

Der Mensch ist gottlos und verflucht,
Sein Heil ist auch noch ferne,

Der Trost bei einem Menschen sucht
Und nicht bei Gott dem Herren;
Denn wer ihm will ein ander Ziel
Ohn' diesen Tröster stecken,
Den mag gar bald des Teufels G'walt
Mit seiner List erschrecken.

Wer hofft in Gott und dem vertraut,
Wird nimmermehr zu Schanden;
Denn wer auf diesen Felsen baut,
Ob ihm gleich geht zuhanden
Wie Unfalls hie, hab ich doch nie
Den Menschen sehen fallen,
Der sich verläßt auf Gottes Trost,
Er hilft sein Gläub'gen allen.

Ich bitt o Herr, aus Herzensgrund,
Du wollst nicht von mir nehmen
Dein heilges Wort aus meinem Mund,
So wird mich nicht beschämen
Mein Sünd und Schuld, denn in dein Huld,
Setz ich all mein Vertrauen;
Wer sich nur fest darauf verläßt,
Der wird den Tod nicht schauen.

Mein Füßen ist dein heilges Wort
Ein brennende Laterne,
Ein Licht, das mir den Weg weist fort;
So dieser Morgensterne
In uns aufgeht, so bald versteht
Der Mensch die hohen Gaben,
Die Gottes Geist den g'wiß verheißt,
Die Hoffnung darein haben.

Die biblischen Grundlagen für Spenglers Verse sind im AT in Gen. 2 und 3 und im NT vor allem in 1. Kor. 15 und Röm. 5, 12-21, der sog. „Adam-Christus-Typologie“, zu finden.

Im Unterschied zum frühen und rabbinischen Judentum stellte das NT eine typologische Beziehung zwischen Adam und dem Messias her. Paulus betont in 1. Kor. 15,21-22, dass in Adam alle Menschen sterben müssten, weil durch ihn der Tod in die Welt kam, in Christus aber alle lebendig gemacht würden. 1. Kor. 15,42-49 entfaltet er diesen Gedanken dann hinsichtlich der leiblichen Existenz des Menschen. Der aus Erde gebildete erste Adam war als „lebendige Seele“ ein Geschöpf Gottes und deshalb der Vergänglichkeit unterworfen. Der letzte Adam (also der auferstandene Christus) ist hingegen „lebendigmachender Geist“ und wird durch seine eschatologische Schöpfungsmittlerschaft die „geistlich-leibliche Auferstehung“ bewirken.

In Röm. 5,12-21 entwickelt Paulus die „Adam-Christus-Typologie“ rechtfertigungstheologisch weiter. Danach ist der Tod nicht aufgrund der geschöpflichen Verfasstheit Adams in die Welt gekommen (vgl. 1. Kor. 15, 45-49), sondern wegen seiner Sünde. Alle Menschen sind faktisch Adam in der Sünde gefolgt und stehen deshalb unter der Herrschaft des Todes. Christus entspricht Adam typologisch darin, dass seine „Rechtfertigungstat“ lebensschaffende Rechtfertigung für alle Menschen wirkt.

Für die Lehrentwicklung der christlichen Kirche liefern Gen. 2 und 3 in Verbindung mit den Gottesebenbildlichkeitsaussagen (vgl. Gen. 1,27; Gen. 5,1-3; Gen. 9,6) und den neutestamentlichen Adam-Christus-Typologien die entscheidende Textgrundlage für die theologische Anthropologie, der die Soteriologie, das Erlösungshandeln Jesu Christi, gegenübersteht.

Diese wird im 15. Kapitel des 1. Korintherbriefes (1. Kor.15, 1-58) ausführlich durch den Apostel Paulus erläutert und theologisch entfaltet. Im Folgenden sollen die wesentlichen Aussagen dieses für die gesamte christliche Theologie wichtigen Bibeltextes dargelegt werden.

Anlass für den Apostel Paulus, das Erlösungshandeln Jesus Christi in Kapitel 15 des 1. Korintherbriefs so ausführlich zu darzustellen, ist die in Korinth verbreitete Ansicht, dass es gar keine Auferstehung der Toten gebe. Einige Mitglieder der Gemeinde in Korinth vertraten wohl die Ansicht, dass sie als Christen auf dieser Welt schon alles bekommen hätten, was von Jesus Christus zu erwarten sei. Daher seien sie bereits neu geschaffen und vollendet. Daraus zieht der Apostel Paulus die logische Konsequenz, dass man in Korinth die Auferstehung der Toten bestreite. Das aber hätte fatale Konsequenzen für den Glauben, für die christliche Verkündigung und für die Hoffnung der Christen. Die Auferstehung der Toten bzw. deren Auferweckung durch Gott sei die Grundlage für alles, was Christen glauben, hoffen und tun. Ohne Jesu Auferweckung und Auferstehung wäre all das sinnlos.

Zu Beginn, in den Versen 1-11, führt Paulus den Nachweis, dass die Auferstehung Jesu von den Toten ein gut bezeugtes Ereignis sei. Paulus greift auf traditionelle Formulierungen zurück, die nicht von ihm stammen, sondern Zitate aus anderen Schriften sind: „Christus ist gestorben für unsere Sünden nach der Schrift ...“. Es gibt zu dieser Zeit noch Zeugen der Auferstehung, die diese selbst miterlebt haben und die man befragen könne. Abschließend erklärt Paulus den Grund, warum er als ehemaliger Verfolger der Gemeinde, der den irdischen Jesus nie gesehen hat, sich trotzdem Apostel nennen darf: aus Gottes Gnade! Paulus bezeichnet sich selbst als „unzeitige Geburt“, wörtlich heißt es im Griechischen „Fehlgeburt“. Vermutlich steckt dahinter ein Schimpfwort, das Paulus von seinen Gegnern erhielt. Paulus lässt die Beleidigung stehen und verweist auf die Gnade Gottes, die auch aus „geistlichen Fehlgeburten“ lebendige und aktive Nachfolger Jesu machen kann.

Die Verse 12-19 stellen den Korinthern die Konsequenzen ihrer Haltung zur Auferstehung vor Augen: Gäbe es grundsätzlich keine Auferstehung der Toten, dann sei auch Jesus Christus nicht auferstanden. Jeder, der von der Auferstehung Jesu rede, wäre dann ein verlogener Zeuge, der Lügen über Gott erzähle und damit an Gott schuldig werde. Ferner wäre jede Rede von Sündenvergebung falsch, denn es gäbe keine, und alle bereits verstorbenen Christen wären für immer verloren. Ebenso wären alle anderen arme und elende Menschen, wenn es keine Hoffnung über dieses Leben hinaus gäbe und man nur an einen gestorbenen und begrabenen Herrn glaubte. Daher, so die logische Folgerung, sei die Haltung der Korinther, die das so nicht glaubten und lehrten, widersprüchlich und unsinnig.

Den folgenden Abschnitt, die Verse 20-34, beginnt Paulus mit einer Feststellung: Nun aber ist Christus auferstanden. Paulus greift noch einmal die Argumentation aus dem vorigen Abschnitt auf: Wenn es keine Totenauferstehung geben sollte, folgte daraus, dass Christus auch nicht auferstanden sei. Nun ist er aber auferstanden, wie alle Apostel übereinstimmend verkündigten. Also müsse die Behauptung der Korinther falsch sein, es gebe überhaupt keine Auferstehung der Toten. Im Gegenteil, mit Christus beginne die Totenauferstehung, er sei der Erste.

Dann wendet sich Paulus der Frage zu, woher der Tod überhaupt komme. Adam sei der Bringer des Todes – durch die Sünde dieses einen Menschen sei der Tod für alle nach ihm in die Welt gekommen. Dementsprechend bringe der eine Mensch, Jesus Christus, für alle die Auferstehung von den Toten. Wichtig ist für Paulus die Betonung des Menschen Jesus. Der auferstandene Christus sei leiblich, als Mensch, auferstanden. Die Begegnungen mit ihm seien keine geistigen Visionen oder dergleichen gewesen. Genauso würden auch die Christen leiblich auferstehen. Noch aber sind sie nicht verwandelt oder dem Tod entzogen. Es sei ferner auch nicht richtig, dass der materielle

Leib unwichtig sei und es nur auf den in diesem Leib lebenden Geist ankomme. Der Tod wird von Paulus als Feind des Lebens und damit als gottfeindliche Macht betrachtet. Diese Macht sei die letzte, die überwunden werden wird. Folglich sei die Herrschaft Christi und Gottes noch nicht unbestritten, und noch seien nicht alle Glaubenskämpfe ausgestanden.

Paulus nimmt auch das Ziel der vollendeten Welt in den Blick. Es gehe darin nicht um die individuelle Seligkeit der einzelnen Christen, die den Korinthern sehr wichtig war, sondern um die Herrschaft Gottes und seines Sohnes Jesu Christi, die das Ziel der Welt- und Heilsgeschichte sei. Jetzt wollten Gott andere Mächte diese Herrschaft streitig machen. Auch Menschen gehörten dazu, wenn sie Gott nicht als Gott anerkennen würden (vgl. Röm. 1), sondern selbst sein wollten wie Gott (vgl. Gen. 3). Wenn aber Jesus wiederkomme, dann würden die Toten wieder zum Leben erweckt, die Christus angehörten. Danach komme das Ende – oder besser: die Vollendung, und dann werde Gottes Herrschaft in allem und über alle durchgesetzt sein. Wenn das alles nicht so wäre, könne man keine Auferstehung erwarten, dann wäre auch die in Korinth geübte Praxis einer stellvertretenden Taufe für schon verstorbene Menschen sinnlos, da sie ja niemandem nutzen würde.

Der Apostel Paulus diskutiert hier nicht über Sinn oder Unsinn einer solchen Praxis, die ihre Wurzeln in der heidnisch-griechischen Umwelt hat, sondern konfrontiert die Gemeinde mit ihren eigenen Widersprüchen. Er folgert weiter, dass auch er sich ohne die Hoffnung auf eine verheißene Zukunft Gottes, die bereits für das Leben jetzt und hier Bedeutung habe, nicht den Gefahren eines Lebens als reisender Missionar aussetzen müsse, er könnte es sich stattdessen einfach gut gehen lassen. Dieser Gedanke sei übrigens durchaus verführerisch, und die Korinther erlägen auch dieser Versuchung, da sie in einem enthusiastischen Glauben lebten, der sie blind mache dafür, dass sie Sünder blieben, auch wenn sie Christen seien. Dadurch zeigten sie, dass sie

Gottes Heil in Christus nicht verstehen und Gott eigentlich nicht kennen würden.

Im nun folgenden Abschnitt (Verse 35-49) geht Paulus auf konkrete Fragen zur Auferstehung ein. Er formuliert eine mögliche Ausgangsfrage, wie denn die Toten auferstehen und mit welchem Leib sie kommen werden, um diese Fragestellung gleich ad absurdum zu führen. Der Gedanke an und die Vorstellung von einer leiblichen Auferstehung der Toten scheint schon damals sehr schwierig gewesen zu sein. Paulus sagt, dass nur das lebendig werden könne, was sterbe, und verdeutlicht seine Gedanken am Beispiel eines Weizenkorns. Demnach ist der menschliche Körper, der bestattet wird und verwesen und vergehen muss, der Same, also die Bedingung für die Neuschöpfung Gottes.

Vorausgesetzt ist auch hier der Gedanke, dass Gott den Menschen durch das Einhauchen des Lebensodems zu einer „lebendigen Seele“ (Gen. 2,7) erschaffen habe. Demnach besteht der Mensch also, wie wir bereits ausgeführt haben, aus Geist, Seele und Leib. Paulus betrachtet diesen geschaffenen Menschen im Blick auf dessen Leib als natürlich, irdisch und verweslich. Der erste Mensch, genauer gesagt die erste Menschheit nach dem Bild Adams, sei irdisch-vergänglich und werde wieder zur Erde zurückkehren. Es ist also eine Leiblichkeit, die dem Leben auf dieser Erde entspricht, dafür gemacht ist und dazu passt. Dem gegenüber stehe der Auferstehungsleib, wie ihn als erster Jesus Christus erhalten habe in seiner Auferstehung. Auch dieser Leib sei von Gott geschaffen, aber er ist nicht irdisch-verweslich, nicht natürlich, also dem Leben in der Natur der ersten Schöpfung entsprechend gemacht, sondern geistlich, himmlisch und unverweslich. Entscheidend ist nach Paulus, dass auch die Neuschöpfung Gottes, die mit der Auferweckung Jesu Christi von den Toten begonnen hat, eine leibliche Schöpfung ist. Die „zweite“ Menschheit wird das Bild des Himmlischen in sich tragen.

Paulus beginnt den letzten Abschnitt seiner Erläuterungen zur Auferstehung erneut mit einer Gegenreaktion auf Ansichten, wie sie in Korinth gelehrt und geglaubt wurden, nämlich dass Fleisch und Blut das Reich Gottes nicht erben könne. Das heißt konkret, dass der Mensch, solange er lebt, irdisch und sterblich ist. Und diese irdische Existenz kann nicht in das Reich Gottes aufgenommen werden.

Da Paulus noch von einer Wiederkunft Christi zu seinen Lebzeiten ausging, spricht er in den nun folgenden Versen von einer Verwandlung der noch Lebenden und der Auferstehung der Verstorbenen. Durch diese Verwandlung würden die noch Lebenden sofort ihren neuen Auferstehungsleib erhalten und müssten vorher nicht sterben. Hier scheint der Gedanke der sog. „Entrückung“ durch.

Dann, wenn die letzte Posaune erschollen ist, werde der Tod endgültig besiegt sein und keine Macht mehr haben. Paulus spricht von der sich ganz und gar durchsetzenden Herrschaft Gottes. Von diesem Ziel her fordert Paulus auf, fest und unerschütterlich im Glauben zu stehen und das Werk Jesu Christi anzupacken.

Die vorangegangenen Ausführungen verdeutlichen nun einerseits den theologischen Zusammenhang von Anthropologie, Christologie und Soteriologie und zeigen andererseits, dass die Eschatologie erst auf deren Ergebnissen aufbauen und ansetzen kann.

B. Eschatologische Konsequenzen

Nach christlicher Überzeugung konnte nur der in Jesus Christus Mensch gewordene Gott der Menschheit die Erlösung und Sündenvergebung bringen und damit das Angebot zur Versöhnung und Errettung der Menschen aus dem ewigen Tod.

Der Mensch wiederum muss nun seinerseits dieses Geschenk annehmen, indem er seine Schuld erkennt und Gottes Erlösungshandeln durch den Glauben annimmt. Die Fähigkeit dazu schenkt der dem Menschen von Gott verliehene Geist, der erst den Glauben und das Erkennen Gottes, oder negativ betrachtet, die Ablehnung und Verneinung desselben, möglich macht.

Die daraus zu ziehende Konsequenz ist die, dass das Leben und Handeln des Menschen mit dem christlichen Glauben in Einklang stehen muss, auch wenn er noch immer mit Schuld beladen ist und täglich neu Schuld auf sich lädt. Wenn der Mensch aber darum weiß und immer wieder seine Verfehlungen vor Gott bekennen kann, ist ihm auch die Sündenvergebung zugesagt. Am deutlichsten können wir dies in der Liturgie des sonntäglichen Gottesdienstes und im Abendmahl erkennen: Wir bekennen vor Gott aufrichtig und ehrlich unsere Schuld (Sündenbekenntnis) und dürfen uns dann seiner Vergebung gewiss sein (Gnadenzuspruch).

Wenn dieser Gedanke konsequent weitergedacht wird, ist erkennbar, dass das Leben und Handeln eines Menschen, sei es gut oder böse, Folgen für das haben wird, was nach dem Tod mit ihm geschehen wird. Konkret gefragt, was wird der Geistseele, wenn sie sich vom Körper getrennt hat, widerfahren?

Dazu gibt es unterschiedliche Ansätze und Vorstellungen, die nun näher betrachtet werden sollen.

1. Die römisch-katholische Lehre vom Fegefeuer

Bereits in der frühen christlichen Kirche kannte man die Vorstellung vom Feuer als Reinigungssymbol. Zunächst dachte man jedoch nur an einen Ort, an dem sich die Seelen der Gerechten nach ihrem Tod erfrischen können, solange sie auf die ewige Seligkeit nach dem Jüngsten Gericht warten (das sog. „refrigerium interim“, das vor allem der lat. Kirchenvater Tertullian (um 150–220) lehrt. Für ihn ist das refrigerium gleichbedeutend mit „Abrahams Schoß“. Die dort befindlichen Seelen erleiden keine Qualen und warten dort auf die Auferstehung.

Unter Papst Gregor dem Großen bildete sich im 6. Jahrhundert dann die Lehre eines läuternden Fegefeuers heraus. Diese Vorstellung prägte bis zur Reformation das kultur- und sozialgeschichtliche Leben und wirkte sich auf das gesamte Alltagsleben der Menschen aus. In Gregors *Dialogi de vita et miraculis patrum Italicorum* finden wir die wichtigsten Aspekte dieser Lehre erläutert:

> Man muss glauben, dass es vor dem Gericht für gewisse leichte Sünden noch ein Reinigungsfeuer gibt, weil die ewige Wahrheit sagt, dass, wenn jemand wider den Heiligen Geist lästert, ihm weder in dieser noch in der zukünftigen Welt vergeben wird (vgl. Mt. 12,32) . Aus diesem Ausspruch geht hervor, dass einige Sünden in dieser, andere in jener Welt nachgelassen werden können.
>
> *Petrus:* „Kann es nun etwas geben, was den Seelen der Verstorbenen zu helfen vermag?“
>
> *Gregorius:* „Wenn die Sünden nach dem Tode nicht untilgbar sind, so pflegt die Darbringung des heiligen Opfers den Seelen auch noch nach dem Tode viel zu nützen, so zwar, dass die Seelen der Verstorbenen es selbst manchmal erbitten.

Die biblische Grundlage der Lehre vom Fegefeuer ist 1. Kor. 3,13–15, wo nach Aussage des Apostels Paulus die Werke des Einzelnen im Jüngsten Gericht im Feuer geprüft würden. Diese Aussage deutete der Kirchenvater

Augustinus dahingehend, dass nach dem Tode noch die Seelen einiger Gläubigen durch Feuer geläutert, also das Irdische aus ihnen ausgebrannt werden müsse.

Im 12. Jahrhundert kam auch der Begriff „Purgatorium" (Reinigungsort) auf. Verbunden mit dem Gedanken des Fegefeuers war auch die Vorstellung, dass die Lebenden durch großzügige Ablässe, gute Werke, Gebete und das Messopfer die Zeit der im Fegefeuer befindlichen Verstorbenen verkürzen könnten. Der Gedanke, dass die guten Werke zunehmend durch Geldspenden an die Kirche abgeleistet werden sollten, führte vor dem Hintergrund besonders aggressiver Werbung für diese Vorstellung zur Herausbildung der reformatorischen Ablasskritik und der Verwerfung dieser Lehre durch die Reformation.

Heute ist man in der römisch-katholischen Kirche von der Notwendigkeit der Läuterung überzeugt, allerdings vermeiden viele Theologen Mutmaßungen über zeitliche und räumliche Dimensionen dieses Geschehens. Doch auch heute wird ausdrücklich daran festgehalten, dass die Lebenden den Verstorbenen durch Gebet, Feier der Heiligen Messe und Taten der Nächstenliebe (auch durch Ablässe, die es immer noch gibt) zu Hilfe kommen könnten, was im krassen Gegensatz zur Auffassung der evangelischen Kirche steht.

Interessant ist allerdings die im Katholischen Erwachsenenkatechismus zu findende Erklärung, wo man die etablierte Rede vom Fegefeuer für eine recht unglückliche Übersetzung des amtlichen Wortes Purgatorium (Läuterungsort bzw. Läuterungszustand) hält und die bloß bildliche Ausdrucksweise betont, dass das Feuer sich verstehen lasse als die läuternde, reinigende und heiligende Kraft der Heiligkeit und Barmherzigkeit Gottes.

Das Fegefeuer erfährt also nach der römisch-katholischen Lehre derjenige, der in der Gnade Gottes stirbt, aber noch nicht vollkommen geläutert ist. Darum muss seine Seele dort geläutert werden, um die notwendige Heiligkeit zu erlangen und danach in die Freude des Himmels eingehen zu können. Das Purgatorium bzw. Fegefeuer ist also nicht, wie oft fälschlicherweise behauptet wird, ein Ort der ewigen Verdammnis, sondern ein Ort der Bewährung und damit das Gegenteil der Bestrafung der Verdammten in der Hölle. Daher muss nach dieser Auffassung auch ein Ort der Verdammnis für die Seelen angenommen werden, die nicht geläutert werden können.

Überall begegnen uns in Kunst und Literatur drastische Darstellungen und Schilderungen von Hölle und Fegefeuer, denken wir nur an Dante Alighieris (1265-1321) *La divina commedia* (entstanden zwischen 1307 und 1321).

Anknüpfend an das Genre mittelalterlicher Jenseitsvisionen, wird in der *Commedia* eine Reise durch die drei Reiche der jenseitigen Welt geschildert. In Ich-Form geschrieben, führt die Reise des Erzählers zunächst durch die Hölle (Inferno), die als ein gewaltiger unterirdischer Trichter bis zum Mittelpunkt der kugelförmig vorgestellten, nur auf der nördlichen Halbkugel bewohnten Erde reicht und in neun Höllenkreise unterteilt ist, die Strafbezirke derer, die für ihre Sünden zur ewigen Verdammnis verurteilt sind. Als Nächstes geht es durch den Läuterungsbereich (Purgatorio), vorgestellt als auf der südlichen Halbkugel am Südpol aus dem Ozean aufragender Berg, auf dem die Seelen derer, die für ihre Sünden noch Vergebung erlangen konnten, auf einem spiralförmigen Weg durch sieben Bußbezirke zum irdischen Paradies, dem Garten Eden auf dem Gipfel des Berges, pilgern. Aus dem irdischen steigt der Reisende schließlich auf in das himmlische Paradies (Paradiso) mit seinen neun Himmelssphären, über denen im Empyreum die Seelen der Geretteten im Angesicht Gottes die Freuden der ewigen Seligkeit genießen.

Während die Strukturen des Inferno und Purgatorio auf verschiedenen Klassifizierungen der Sünde basieren, ist die Struktur des Paradiso von den vier Kardinaltugenden (Klugheit/Weisheit, Gerechtigkeit, Tapferkeit, Mäßigung) und den drei theologischen Tugenden (Glaube, Hoffnung, Liebe) abhängig. Das Paradiso besitzt folglich mehr theologische Natur als die Hölle und das Fegefeuer. Dante räumt ein, dass die Vision des Himmels, die er beschreibt, diejenige ist, die ihm gestattet wurde mit seinen menschlichen Augen zu sehen. Die *Divina commedia* endet damit, dass der Reisende mit dem Anblick des dreieinigen Gottes belohnt wird. In einem Erkenntnisblitz, der sich nicht ausdrücken lässt, versteht er endlich das Geheimnis von Christi Gottheit und Menschheit, und seine Seele wird verbunden mit der Liebe Gottes.

Einen anderen Zugang zur Thematik vermittelt John Henry Newmans (1801-1890) Gedicht *The dream of Gerontius* (1865), das 1900 durch den britischen Komponisten Edward Elgar (1857-1934) als gleichnamiges Oratorium *The Dream of Gerontius* vertont wurde. John Henry Newman war Kardinal der römisch-katholischen Kirche in England, zu der er 1845 konvertierte. Zuvor war er als Pfarrer in der Anglikanischen Kirche tätig. Durch sein akademisches und literarisches Wirken beeinflusste er das geistige Leben Englands und Europas im 19. und 20. Jahrhundert tief. Er zählt zu den Wegbereitern eines vor dem Wissenshorizont der Moderne verantworteten Katholizismus. Am 19. September 2010 wurde Newman von Papst Benedikt XVI. seliggesprochen.

Newmans Gedicht – dessen Umfang Edward Elgar aus aufführungspraktischen Gründen stark kürzte – beschreibt in einer Folge lyrischer und dramatischer Episoden den Weg einer Seele nach Verlassen des toten Körpers. Gemäß der katholischen Lehre reist die Seele, von einem Schutzengel geleitet, durch verschiedene Regionen des Jenseits, auch am Fegefeuer vorbei. Zuletzt darf sie die Herrlichkeit Gottes schauen.

Elgars Oratorium ist zweiteilig angelegt, wobei jeder Teil mehrere Abschnitte umfasst: Der erste Teil schildert die Todesstunde eines alternden Menschen, sein Name „Gerontius“ vermittelt Anklänge an das aus dem Griechischen stammende Wort „Gerontes“ (für Angehörige eines Ältestenrats, in Begriffen wie Gerontologie noch heute gebräuchlich). Gerontius drückt seinen Seelenzustand auf dem Sterbelager durch Gebete aus und ist umgeben von seinen Freunden, die ein Kyrie anstimmen und für die Errettung seiner Seele beten. Unterstützt werden sie von einem Priester, der die kirchlichen Sterbegebete, die sog. „commendationes animae“ (lat. commendatio „Empfehlung“, animae „der Seele“) spricht und schließlich mit den Wortes des Gebetes „Proficiscere, anima christiana de hoc mundo“ („Brich auf, christliche Seele, von dieser Welt...“) Gerontius‘ Seele in Gottes Hände befiehlt. Diese Worte sind als Lossprechung über dem Sterbenden gedacht, die ihn direkt vor Eintritt des Todes als Wegzehrung und Stärkung zugesprochen werden und noch heute in der katholischen Sterbeliturgie Verwendung finden.

Im zweiten Teil trifft die Seele des Verstorbenen zunächst auf ihren Schutzengel. Der gemeinsame Weg führt vorbei an Dämonen, die um die Seelen der Toten kämpfen, man begegnet den Engeln, die die Seelen retten und auch den klagenden Seelen im Fegefeuer. Zuletzt gelangt die Seele des Gerontius in die Gegenwart Gottes, wird nach Fürsprache des Todesengels in einem einzigen Moment gerichtet und nach der Reinigung im Fegefeuer unter die Gerechten im Himmel aufgenommen.

Nach diesen Ausführungen kann die bis heute offiziell gültige römisch-katholische Vorstellung folgendermaßen zusammengefasst werden: Nach dem Tod des Menschen erfolgt die Trennung von Leib und Seele. Der Leib wird begraben und vergeht, die Seele, die nun nicht mehr an Raum und Zeit gebunden ist, steigt auf zu Gott. Im Angesicht Gottes erfolgt das persönliche Gericht und es gibt, je nachdem wie der Mensch gelebt und gehandelt hat, drei Orte bzw. Zwischenzustände: 1. Den Himmel, das Paradies, also die volle Gemeinschaft mit Gott. Diesen Ort erreichen all diejenigen, die bereits zu Lebzeiten vollkommen nach Gottes Willen gelebt und gehandelt haben. 2.

Das Fegefeuer für all diejenigen Seelen, die vor Gott gerecht sind, aber noch der Läuterung bedürfen. 3. Die Hölle für alle Seelen, die Gott ablehnten und die Gemeinschaft mit ihm verweigerten und fortwährend in Sünde und Schuld und ohne Reue und Umkehr gelebt und gehandelt haben. Zur Wiederkunft Christi (Parusie) am Ende aller Zeiten wird es dann nur noch zwei Zustände geben: das Paradies für die Erlösten und die Hölle für die Verdammten. Am Ende aller Tage werden die Menschen dann auch leiblich auferstehen, das heißt, die Seele wird sich mit dem verklärten Auferstehungsleib vereinigen. Ob alle leiblich auferstehen werden oder nur die Gerechten und Erlösten, darüber gibt es allerdings verschiedene Ansichten.

2. Evangelische Positionen und Perspektiven

Nach der Darstellung der römisch-katholischen Dogmatik folgt nun der Blick auf die evangelischen Positionen, wobei gleich erwähnt werden muss, dass es, anders als im Katholizismus, keine offizielle einheitliche und allgemein verbindliche Lehre gibt bzw. die entsprechenden Ansichten zum Teil sogar zueinander im Widerspruch stehen. Diese Tatsache kann zu starker Verunsicherung der Menschen führen und wilden Spekulationen und esoterischen Einflüssen Tor und Tür öffnen.

Um dies zu verdeutlichen und besser nachvollziehbar zu machen, soll nun die geschichtliche Entwicklung kurz dargestellt werden.

Ausgehend von der Reformationszeit lässt sich feststellen: Martin Luther und die anderen Reformatoren waren sich, bei allen sonstigen Differenzen, darin einig, dass die römisch-katholische Lehre vom Fegefeuer als unbiblisch abzulehnen sei, vor allem auch im Blick auf das damit verbundene Ablasswesen und die gängige Vorstellung, dass die Lebenden durch Gebete, Messopfer und Geldspenden noch irgendetwas für das Seelenheil der Verstorbenen bewirken könnten. Wer nach Gottes Willen gelebt und gehandelt hat, ist vor Gott gerechtfertigt und braucht auch das Gericht Gottes nicht zu fürchten, so die gängige Lehrmeinung. Entweder kommt die Seele nach dem Tod also in das Paradies, wo sie bis zur Auferstehung ruht und wartet - dort muss ohnehin nichts für sie getan werden - oder sie kommt aufgrund des negativen Lebenswandels des Verstorbenen in die Hölle, dann kann ebenfalls nichts mehr durch die Lebenden ausgerichtet werden.

Mit der Verwerfung der Lehre vom Fegefeuer entstand allerdings auf evangelischer Seite ein Problem: Was genau geschieht nun mit der Seele nach Eintritt des Todes und der Trennung vom Körper bis zur Auferweckung und Auferstehung? Wenn man sich die Hölle bzw. den Ort der Verdammnis noch ungefähr vorstellen konnte, so herrschte doch über den Zustand des Paradieses eine gewisse Ratlosigkeit. Würden die Seelen tatsächlich ruhen, manche sprachen gar vom sog. „Seelenschlaf", oder hätten sie dort Aufgaben zu erfüllen oder befänden sie sich in einem Zustand der Tatenlosigkeit?

Oder gäbe es dort schon die volle Gottesgemeinschaft bzw. das Sein in Jesus Christus? Oft wird vom Sein der Seele im himmlischen Licht, in der Heimat oder auch von einer Existenz im Himmlischen Jerusalem gesprochen.

Besonders gut und anschaulich finden wir diese Vorstellungen in den Sterbe- und Ewigkeitsliedern des Evangelischen Gesangbuches (*EG*) dargestellt. Die evangelischen Kirchen waren von Anfang an singende Kirchen, und schon die Reformatoren legten Wert auf Choräle und Lieder, die das theologische Programm den Gläubigen näherbringen und über den Glauben belehren. Noch heute finden wir Zeugnisse davon in unseren Gesangbüchern.

Schauen wir zunächst auf das Lied *EG* 520 *Nun legen wir den Leib ins Grab.* Es stammt von Michael Weisse (1488-1534) und erschien erstmals 1531 in dem von ihm herausgegebenen *Gesangbuch der Böhmischen Brüder.* Martin Luther ergänzte das Lied und gab es in Wittenberg zuerst in seinen *Begräbnisliedern* neu heraus. Wir finden darin eine Zusammenfassung der diesseitigen und erhofften jenseitigen Existenz. Es ist als Begräbnislied gedacht und für die Hinterbliebenen eine Zusammenschau von Rückblick, Abschied, Trost und Zuversicht, und es enthält Bezüge zu 1. Kor. 15:

1. Nun legen wir den Leib ins Grab
und zweifeln nicht: durch Gottes Gab
wird, was wir hier verweslich sä'n,
einst unverweslich auferstehn.

2. Was Erde ist und von der Erd
und sich zur Erde wiedrum kehrt,

wird aus der Erde auferstehn,
wenn der Posaune Schall wird gehn.

3. Sein Seel lebt ewiglich in Gott,
der sie aus Gnad von Not und Tod,
von aller Sünd und Missetat
durch seinen Sohn erlöset hat.

4. Sein Jammer, Trübsal und Elend
ist kommen an ein sel'ges End;
er hat getragen Christi Joch;
und starb er gleich, so lebt er doch.

5. Hier war er krank in Angst und Not;
dort wird er leuchten frei vom Tod
in lauter Wonn und lauter Freud
hell wie die Sonne allezeit.

6. Wir lassen ihn im Grabe ruhn
und gehen unsre Straßen nun
und fügen uns des Herrn Gebot:
uns kommt in gleicher Weis der Tod.

7. Das helf uns Christus, unser Trost,
der uns durch sein Blut hat erlöst
von Satans Macht und ewger Pein.
Ihm sei Lob, Preis und Ehr allein.

Friedrich Gottlieb Klopstock hat Weisses Vorlage 1757 unter Titel *Begrabt den Leib in seine Gruft* dem Geschmack seiner Zeit entsprechend umgedichtet (vgl. *EG* 650, Hessen-Nassau).

Besondere Beachtung verdient auch Christoph Demantius‘ (1567-1643) Dichtung *Freu dich sehr o meine Seele*, erschienen 1620. Im *EG* finden wir das

Lied unter der Nr. 524, leider um die beiden im Blick auf die Seele gekürzten ursprünglichen Strophen 7 und 9:

1. Freu dich sehr, o meine Seele,
und vergiß all Not und Qual,
weil dich nun Christus, der Herre,
ruft aus diesem Jammertal.
Aus Trübsal und großem Leid
sollst du fahren in die Freud,
die kein Ohr hat je gehöret,
die in Ewigkeit auch währet.

2. Tag und Nacht hab ich gerufen
zu dem Herren, meinem Gott,
weil mich stets viel Kreuz betroffen,
daß er mir helf aus der Not.
Wie sich sehnt ein Wandersmann,
daß sein Weg ein End mög han,
so hab ich gewünschet eben,
daß sich enden mög mein Leben.

3. Denn gleich wie die Rosen stehen
unter spitzen Dornen gar,
also auch die Christen gehen
in viel Ängsten und Gefahr.
Wie die Meereswellen sind
und der ungestüme Wind,
also ist allhier auf Erden
unser Lauf voller Beschwerden.

4. Welt und Teufel, Sünd und Hölle,
unser eigen Fleisch und Blut
plagen stets hier unsre Seele,
lassen uns bei keinem Mut.
Wir sind voller Angst und Plag,
lauter Kreuz sind unsre Tag;

wenn wir nur geboren werden,
Jammer g'nug find't sich auf Erden.

5. Wenn die Morgenröt herleuchtet
und der Schlaf von uns sich wend't,
Sorg und Kummer daherschleichet,
Müh sich find't an allem End.
Unsre Tränen sind das Brot,
das wir essen früh und spät;
wenn die Sonn nicht mehr tut scheinen,
ist nichts denn nur Klag und Weinen.

6. Drum, Herr Christ, du Morgensterne,
der du ewiglich aufgehst,
sei von mir auch jetzt nicht ferne,
weil mich dein Blut hat erlöst.
Hilf, daß ich mit Fried und Freud
mög von hinnen fahren heut;
ach sei du mein Licht und Straße,
mich mit Beistand nicht verlasse.

Ursprüngliche Strophe 7:
In dein' seite will ich fliehen,
An mein'm bittern todesgang,
Durch dein' wunden will ich ziehen
In's himmlische vaterland:
In das schöne paradeis,
Drein der schächer thät' sein' reis'
Wirst du mich, Herr Christ einführen,
Und mit ew'ger klarheit zieren.

7. Ob mir schon die Augen brechen,
das Gehör auch gar verschwind't,
meine Zung nicht mehr kann sprechen,
mein Verstand sich nicht besinnt,
bist du doch mein Licht, mein Wort,

Leben, Weg und Himmelspfort;
du wirst selig mich regieren,
die recht Bahn zum Himmel führen.

Ursprüngliche Strophe 9
Laß dein' engel mit mir fahren
Auf Elias wagen roth,
Meine seele wohl bewahren,
Wie Laz'rum nach seinem tod;
laß sie ruh'n in deinem schooß,
Erfüll' sie mit freud' und trost,
Bis der leib kömmt aus der erden,
Und sie beid' vereinigt werden.

8. Freu dich sehr, o meine Seele,
und vergiß all Not und Qual,
weil dich nun Christus, dein Herre,
ruft aus diesem Jammertal.
Seine Freud und Herrlichkeit
sollst du sehn in Ewigkeit,
mit den Engeln jubilieren,
ewig, ewig triumphieren.

Gerade in der heute nicht mehr in den Gesangbüchern stehenden neunten Strophe kommt eine sehr deutliche bildliche Vorstellung zur Sprache, welchen Weg die christliche Seele nach dem Tode nehmen wird: Ein Engel wird die Seele geleiten, es finden sich Bezüge zur Entrückung des Propheten Elia auf dem Feuerwagen. Der Beter vertraut darauf, dass Jesus Christus dann die Seele bewahren wird, wie einst Lazarus in Abrahams Schoß Zuflucht fand. Christus möge die Seele mit Trost und Freude erfüllen, bis sie mit dem aus der Erde neu erstehenden Leib vereinigt werde.

Als letztes Beispiel soll Johann Matthäus Meyfarts (1590-1642) Dichtung *Jerusalem du hochgebaute Stadt* (*EG* 150), veröffentlicht 1626, im Blick auf deren Aussagen über den Zustand der Seele nach dem Tod betrachtet werden. Leider ist auch die heutige Gesangbuchfassung um eine im Blick auf die Seele wichtige Strophe (3) gekürzt worden. Im Herbst 1626 hielt Meyfart eine vierteilige Predigtreihe über die „letzten Dinge“ Tod, Gericht, ewige Seligkeit und Verdammnis, die er unter dem Titel *Tuba Novissima* („Die letzte Posaune“, nach 1. Kor. 15,52) im Druck erscheinen ließ. Den Schluss der dritten Predigt *Von der Frewde und Herrligkeit / welche alle Außerwehlte in dem ewigen Leben zu gewarten haben* bildet das Jerusalem-Lied. In der Druckfassung und wohl auch im mündlichen Vortrag waren den Strophen erläuternde Zwischenbemerkungen und ein Gebetsabschluss beigegeben. Die Bilderwelt des Liedes entnahm Meyfart Texten aus der Johannesoffenbarung (Offb. 21), aus dem Lukasevangelium (Lk. 23,46) und aus dem 2. Königsbuch (2. Kön. 2,11). Meyfart gestaltet daraus eine groß angelegte Vision von der Himmelfahrt der Seele und der Herrlichkeit der jenseitigen Gottesstadt, die von religiöser Sehnsucht und Begeisterung getragen sind.

Schauen wir auf den Originaltext von 1626 mit den erklärenden Anmerkungen Meyfarts:

1. JErusalem du hochgebawte Stadt /
Wolt Gott / wer Jch in dir!
Mein sehnlich Hertz so groß Verlangen hat /
Vnd ist nicht mehr bey mir!
Weit über Berg vnd Thale /
Weit über blache Feld /
Schwingt es sich überale
Vnd eylt aus dieser Welt.

Also erseufftzen betrübte Christen /
wenn sie den heutigen Zustandt / Elend vnd Jammer
wo nicht ansehen doch erfahren. Sie wündschen:

2. O schöner Tag / vnd noch viel schönste Stund
Wenn wirstu kommen schier!

Da ich mit Lust / mit Freudenfreyen Mund
Die Seele geb von mir:
Jn Gottes trewe Hände
Zum Außerwehlten Pfand /
Daß Sie mit Heyl anlende
Bey jenem Vaterland.

Nun wolan / es wird zwar vnserer Seelen lang
zu wohnen bey denen die den Frieden hassen:
Jedoch wird der schöne Tag /
vnd noch viel schönste Stundt
dermahl eins anbrechen / vnd alsdann

3. Jm Augenblick wird Sie erheben sich
Biß an das Firmament /
Wann Sie verlest so sanfft / so wunderlich
Die Stett der Element:
Fährt auff Eliae Wagen
Mit Engelischer Schaar /
(Die Sie in Händen tragen)
Vmbgeben gantz vnd gar.

Mit was frölichem Gesicht /
mit was heiligen Gedancken /
muß doch die abgeholte Seel die Himmelstadt ansehen /
wenn sie derselbigen sich nahet?
Sie kan fürwar nicht schweigen /
das Hertz schüttet sie aus /
der Mund gehet über / Sie spricht:

4. O Ehrenburgk / nun sey gegrüsset Mir /
Thue auff der Gnaden Port:
Wie grosse Zeit hat mich verlangt nach dir /
Ehe Jch bin kommen fort!
Aus jenem bösen Leben /
Aus jener Nichtigkeit /
Vnd Mir Gott hat gegeben

Das Erb der Ewigkeit.

Wird aber auch bey demselbigen nicht verbleiben / sondern

5. Ein edles Volck / vnd ein sehr werthe Schaar
Kömpt dann gezogen schon?
Was in der Welt / von Außerwehlten war
Sicht Sie die beste Kron:
Die JEsus Jhr der HERRE
Entgegen hat gesandt /
Da sie noch war so ferre
Jn jhrem Threnen-Land.

6. Propheten groß vnd Patriarchen hoch
Auch Christen in Gemein /
Die weyland dort trugen des Creutzes Joch
Vnd der Tyrannen Pein
Schawt Sie in Ehren schweben
Jn Freyheit überall
Mit Klarheit hell vmbgeben
Mit Sonnenliechten Strahl.

7. Wenn dann zuletzt Sie ist gelanget hin
Jns schöne Paradeiß /
Von höchster Frewd erfüllet wird der Sinn /
Der Mund von Lob vnd Preiß:
Das Halleluja reine
Man spielt in Heiligkeit /
Das Hosianna feine
Ohn End in Ewigkeit.

8. Mit JubelKlang! mit Jnstrumenten schon!
Auff Choren ohne Zahl!
Das von dem Schall / vnd von dem süssen Thon
Sich regt der Frewden Saal!
Mit hundert tausend Zungen /

Mit Stimmen noch viel mehr!
Wie von Anfang gesungen
Das Himmelische Heer!

Wer dahin begehret /
und dermahl eins nur eine Noten mitsingen /
oder doch der Thür hütten will in dem Hause unsers Gottes /
der sage im Hertzen Amen.
Hilff aber HErr Jesu Christe /
daß viel diese ewige Frewde wol fassen /
an jhren Todtbett jhrer eingedenck werden /
und durch diese liebliche Betrachtung allhier ritterlich ringen /
durch Todt vnd Leben zu dir tringen / Amen / O Jesu / Amen.

Im Laufe der weiteren evangelischen Kirchengeschichte wurde der Gedanke an das Paradies oder das Himmlische Jerusalem als Aufenthaltsort der Seele mehr und mehr zurückgedrängt, besonders unter dem Einfluss von Aufklärung und modernem Denken und den sich immer mehr herausbildenden Naturwissenschaften. Dennoch lassen sich gerade im Zuge der deutschen Erweckungsbewegung im 19. Jahrhundert auch Lieder finden, die besonders deutlich und offen von der himmlischen Heimat, dem Licht, zu dem die Seele flieht und dem Himmlischen Jerusalem als Zufluchtsort der Seele berichten. Exemplarisch dafür stehen die beiden heute nicht mehr im *Evangelischen Gesangbuch* zu findenden Lieder *Wo findet die Seele die Heimat, die Ruh* (1827) von Friedrich Ludwig Jörgens (1792-1842) und *Lasst mich gehn* (1843/45) von Gustav Knak (1806- 1878). Beide wurden zuletzt offiziell in einem hessischen Gesangbuch abgedruckt: im *Gesangbuch für das Großherzogtum Hessen* (1916).

Doch letztlich wurde die Vorstellung einer unsterblichen Seele in der offiziellen Evangelischen Theologie weithin aufgegeben. In der Mitte des 20. Jahrhunderts schließlich erreichte die Abwendung von der traditionellen Vorstellung ihren Höhepunkt mit der Herausbildung der sog. Ganztodthese (vor allem vertreten durch Paul Althaus, Karl Barth, Oscar Cullmann, Carl Stange, Jürgen Moltmann und Werner Elert), wie sie bis heute von vielen evangelischen Theologen behauptet und als logische Konsequenz aus der reformatorischen Ablehnung des Fegefeuers und des Ablasshandels gesehen wird.

Die Vertreter und Verfechter der Ganztodthese erklären, dass der Mensch Leib und Seele sei und damit eine untrennbare Einheit bilde. Daher werde auch der ganze Mensch mit Leib und Seele sterben und vergehen. Erst am Jüngsten Tag werde Gott den Menschen mit seinem Auferstehungsleib neu erschaffen. Diese Meinung setzt dann voraus, dass Gott den neuen Menschen quasi aus seiner Erinnerung heraus erschaffen wird, da ja nichts mehr vom alten Menschen die Zeit überdauert hat. Auch die Verfechter der Ganztodthese berufen sich auf den Apostel Paulus und das 15. Kapitel des 1. Korintherbriefes. Fälschlicherweise wird sehr oft behauptet, die Ganztodthese sei die offizielle evangelische Position, was viele Menschen sehr irritiert und verunsichert, wovon aber nicht die Rede sein kann.

Doch schauen wir zunächst auf die Schwierigkeiten, die die Ganztodthese mit sich bringt. Das größte Problem ist die Frage nach der Individualität und Kontinuität des Menschen: Wenn der Mensch nach seinem Tod vollkommen vergeht und verschwindet und erst am Jüngsten Tag von Gott neu erschaffen wird, welche Verbindung gibt es dann noch zwischen dem alten und dem neuen Menschen? Ferner stellt sich die Frage, ob Gott denn auch die Menschen neu erschaffen wird, die dann verdammt und das ewige Leben nicht schauen werden. Wie ist dann ein End-Gericht zu denken?

Es ist durchaus problematisch, dass es von offizieller evangelischer Seite nur sehr wenige Versuche gibt, den Gläubigen die Unsicherheit und Unwissenheit im Blick auf das „Danach“ zu nehmen. In offiziellen Stellungsnahmen und Verlautbarungen ist immer wieder zu beobachten, wie man sich um das eigentliche Thema eines sog. Zwischenzustandes herumwindet und z.B. nur davon spricht, dass für Gott alles möglich sei, Gott den Menschen zu neuem Leben erwecken werde, niemand nach dem Tod verloren sei etc.. Die konkreten Fragen aber, z.B. was denn nun mit dem Verstorbenen direkt nach dem Tod geschieht, werden gar nicht oder nur ausweichend beantwortet. Hinzu kommt, das auch Pfarrerinnen und Pfarrer, wenn sie Verfechter der Ganztodtheorie sind, noch weiter zur Verunsicherung der Gemeindeglieder beitragen. Man denke dabei an die oft erzählte Geschichte, wo der junge Vikar, noch ganz beeindruckt vom Universitätsstudium und geprägt von Karl Barths Theologie, der Witwe beim Trauernachgespräch auf die Frage, wo ihr Mann denn nun sei und ob es ihm gutgehe, ohne die Konsequenzen zu bedenken, zur Antwort gibt: „Er liegt in der Erde und ist tot, den Rest müssen wir Gott für das Jüngste Gericht überlassen.“ Gewiss mag diese Antwort theologisch ehrlich und aufrichtig sein, aber aus seelsorgerlicher Sicht ist sie eine Katastrophe.

Es gibt aber, wie bereits oben angedeutet, auch neuere evangelische Positionen, die an der Unsterblichkeit der Seele (mitsamt dem Geist) festhalten bzw. eine Neuentdeckung und Rezeption fordern und sich dabei fundiert auf biblische und reformatorische Ansätze berufen. Exemplarisch seien hier Fritz Heidler, Kirsten Huxel und Christof Gestrich genannt. Alle drei plädieren für eine Rückbesinnung auf die Leib-Seele-Thematik und, damit verbunden, das Fortbestehen der Seele im Tod und fordern zu Recht eine Erneuerung der evangelischen Eschatologie. Diese Ansätze sind auch als vorsichtige ökumenische Annäherung zu verstehen, weil sie ebenfalls eine Weiterentwicklung und Vervollkommnung der Seele zu Gottes Liebe hin in einem Zwischenzustand annehmen. Damit könnte ein Mittelweg zwischen der offiziellen katholischen Lehre und der Ganztodthese gefunden sein.

Somit sind nun die wesentlichen evangelischen Positionen, ausgehend von der Reformationszeit bis heute, beleuchtet worden. Es wird deutlich, wie unbefriedigend die Annahme, dass der ganze Mensch mit Leib und Seele sterbe, insgesamt ist, gerade im Blick auf die Fragen nach der die Zeit überdauernden Individualität und der Kontinuität des einzelnen Menschen.

Zusammenfassend ergeben sich folgende zwei nicht miteinander in Einklang zu bringende Vorstellungsmodelle: 1. Der Mensch stirbt ganz und gar und vergeht und wird erst am Jüngsten Tag von Gott neu erschaffen. 2. Der Mensch stirbt, der Leib vergeht und die unsterbliche Geistseele befindet sich bis zur Auferweckung und Vereinigung mit dem neugeschaffenen Auferstehungsleib in einem Zwischenzustand, wie auch immer dieser beschaffen sein mag.

Diese beiden Positionen sind, wie aus den vorangegangenen Ausführungen deutlich wurde, in der Evangelischen Kirche gültige und anerkannte, wenn auch immer wieder umstrittene Vorstellungen davon, was mit dem Menschen nach dessen Tod geschehen wird.

Im nun folgenden Kapitel sollen die daraus erwachsenen Konsequenzen für die seelsorgerliche Tätigkeit einer evangelischen Gemeindepfarrerin dargestellt werden. Dies ist selbstverständlich nur möglich, wenn auch ihre persönliche Position dabei deutlich wird und mit einfließt.

C. Ergebnisse für die seelsorgerliche Praxis

Was bedeuten die gewonnenen Ergebnisse und Einsichten nun für die seelsorgerliche Praxis einer evangelischen Gemeindepfarrerin im Blick auf alle mit einem Sterbefall verbundenen Gespräche und (Amts-)Handlungen?

In den Ausführungen im Vorwort wurde bereits deutlich, dass jeder Sterbefall die Angehörigen und alle, die mit ihnen trauern, mit existentiellen Fragen konfrontiert und auch über die eigene Sterblichkeit und Vergänglichkeit neu nachdenken lässt.

Es ist vermehrt zu beobachten, dass viele Angehörige, die nur noch wenig oder gar keinen persönlichen Kontakt zu ihrer Gemeindepfarrerin bzw. ihrem Gemeindepfarrer oder zur Kirchengemeinde überhaupt haben, sehr oft stark verunsichert sind, wenn es um die Themen Sterben und Tod, aber auch um ganz praktische Dinge wie die Organisation der Trauerfeier geht. Hier ist von allen Beteiligten, auch von den Bestattern, oft sehr viel „Fingerspitzengefühl" nötig.

Es ist aber auch festzustellen, dass sich gerade in diesen Trauergesprächen für die Angehörigen neue Anknüpfungspunkte zur Kirchengemeinde und zum Glauben ergeben können und die Pfarrerin oder der Pfarrer auch mit entsprechenden eschatologischen Fragen konfrontiert werden, die im persönlichen Gespräch, aber auch durch passende Worte in der Traueransprache erhellt werden können. Evangelische Pfarrerinnen und Pfarrer werden in diesen Situationen oft als „Experten" für alle Fragen, die den Tod betreffen, angesehen, und es werden viele Hoffnungen in die Begegnung gesetzt.

Gerade in der heutigen Zeit, in der die Themenbereiche, Sterben, Tod und christlicher Glaube mehr und mehr in den Hintergrund gedrängt bzw. im Bewusstsein der Menschen von anderen Dingen überdeckt werden, ist das erste Problem oft schon das angemessene Abschiednehmen, sei es zu Hause, sei es an dem Ort, an dem der oder die Angehörige verstorben ist. Noch sitzt der Schock tief, Fassungslosigkeit macht sich breit, auch das Gefühl, die verstorbene Person nicht hergeben zu wollen. Wie gut ist es, wenn bereits zu dieser Zeit seelsorgerliche Begleitung möglich ist, den Angehörigen manchmal allein schon durch die Anwesenheit einer Pfarrerin oder eines Pfarrers das Gefühl der Unterstützung vermittelt werden kann.

Eine ganz wichtige Hilfe auf dem Weg des Abschiednehmens und Loslassen-Könnens ist die Feier der Aussegnung. Wer sich dazu ausführlicher informieren möchte, sei auf meine 2014 im Fromm-Verlag erschienene Schrift *„Er geleite dich durch das Dunkel des Todes in sein Licht…“ – Die Aussegnung – ein vor der Vergessenheit zu bewahrendes evangelisches Abschiedsritual* verwiesen, dort sind auch die im folgenden zitierten Texte nachgewiesen.

In der evangelischen Tradition bezeichnet der Begriff „Aussegnung“ eine kurze Andacht mit einer eigenen, relativ festen liturgischen Abfolge, bestehend aus Schriftworten, Gebeten, einer kurzen Ansprache und dem Abschiedssegen für den Verstorbenen. Die Aussegnung wird i.d.R. vom Gemeindepfarrer oder der Gemeindepfarrerin geleitet und findet meist zeitnah nach Eintritt des Todes statt, oft noch an demselben Nachmittag oder Abend. Sie ist im Normalfall auch mit der Abholung des Verstorbenen von zu Hause verbunden. Dazu versammeln sich Angehörige, enge Freunde und Nachbarn im Sterbehaus. Zur Aussegnungsfeier läuten die Kirchenglocken. Bevor der Leichnam das Haus bzw. den Hof verlässt, wird dem Verstorbenen der Valet- bzw. Abschiedssegen zugesprochen. Dies ist ein ganz besonderer Moment, weil hier der Verstorbene auch liturgisch noch einmal im Mittelpunkt steht. Bereits durch die Worte des Valetsegens (vgl. *EG* 949) wird deutlich, dass dieser als Weggeleit für die Seele zu verstehen ist:

Es segne dich Gott, der Vater,
der dich nach seinem Bilde geschaffen hat.
Es segne dich Gott, der Sohn,
der dich durch sein Leiden und Sterben erlöst hat.
Es segne dich Gott, der Heilige Geist,
der dich zum Leben gerufen und geheiligt hat.
Gott der Vater und der Sohn und der Heilige Geist
geleite dich durch das Dunkel des Todes in sein Licht.
Er sei dir gnädig im Gericht
und gebe dir Frieden und ewiges Leben.

Noch deutlicher wird dies in einer modernen Fassung:

Zieh hin, liebe Schwester / lieber Bruder N.N.
aus dieser Welt im Namen Gottes, des Vaters,
der dich geschaffen hat.
Zieh hin im Namen Jesu Christi, unseres Herrn,
der dich durch seinen Tod erlöst hat.
Zieh hin im Namen des Heiligen Geistes, des Trösters,
der dich im Wasser der Taufe geheiligt hat.
Zieh hin unverzagt, Gott sei dir gnädig im Gericht,
und seine heiligen Engel mögen dich geleiten in sein ewiges Reich.

Am deutlichsten wird der Bezug zum Weg der unsterblichen Seele in der - inzwischen auch im evangelischen Bereich wiederentdeckten und gebräuchlichen - Übersetzung des altkirchlichen Geleitwortes „in paradisum“:

Ins Paradies geleite dich der Engel Chor,
bei deiner Heimkehr nehme dich auf der Märtyrer Schar,
und sie führe dich heim in die heilige Stadt Jerusalem.
Der Chor der Engel nehme dich auf,
und mit Lazarus, dem vormals armen,
gebe dir Gott den ewigen Frieden.

Die Befürworter und Verfechter der Ganztodthese haben an dieser Stelle ein ernstes Problem: Einen Toten darf man nicht segnen! Und wem sollte dieser Segen nützen, wenn Leib und Seele tot sind und bis auf den Jüngsten Tag auch tot bleiben?

Wie sieht es hingegen aus, wenn man an die Vorstellung der Trennung von sterblichem Leib und unsterblicher Seele glaubt? Dann bekommt dieser Segenszuspruch erst Sinn und kann auch von den Hinterbliebenen als deutliches Signal verstanden werden: Dieser Segen ist ein „Schwellenritus", der ein Geleitsegen für den Verstorbenen in seine neue Existenz hinein ist. Erst dadurch wird er sinnvoll und theologisch verantwortbar, und damit ist er auch ein deutliches Zeichen und Bekenntnis.

Schauen wir kurz auf den Zusammenhang der Aussegnung mit dem christlichen Leichenbegräbnis und erkennen wir dadurch die einst wichtige Bedeutung der Aussegnung als Bestandteil von ihr: Ursprünglich war diese der erste von drei zeitlich eng aufeinanderfolgenden Teilen der evangelischen Bestattung, wie es der Aufbau mancher Agenden noch immer verdeutlicht: 1. Aussegnung, 2. Begräbnis und 3. Trauerfeier (wobei die Reihenfolge von Begräbnis und Trauerfeier auch vertauscht sein kann). Die Aussegnung war also ursprünglich der Beginn der Trauerfeierlichkeiten im Sterbehaus, bevor man dann zum Friedhof zog.

In der heutigen Zeit hingegen ist die Aussegnung zeitlich und oft auch räumlich von Trauerfeier und Beisetzung getrennt, je nachdem, wo sich die verstorbene Person zuletzt aufgehalten hat. Gerade im Blick auf eine bevorstehende Kremation bietet die Aussegnung allen versammelten Anwesenden die Möglichkeit des Abschieds am (offenen) Sarg vor dem Abtransport zum Krematorium, was in der Vorstellung vieler Hinterbliebener ohnehin ein schrecklicher Gedanke ist. Falls eine Erdbestattung stattfindet, gibt es besonders im ländlichen Raum noch heute - unter Glockengeläut - den gemeinsamen

Trauerzug vom Sterbehaus zum Friedhof. Aus praktischen Gründen kann die Aussegnungsfeier aber auch direkt auf dem Friedhof stattfinden. In Krankenhäusern, Hospizen oder Altersheimen können ebenfalls Aussegnungsfeiern stattfinden und werden von den Angehörigen neuerdings auch wieder gewünscht. Gerade wenn die verstorbene Person länger in der entsprechenden Einrichtung gelebt hat, ist es auch für die Mitbewohner und das Pflegepersonal wichtig geworden, Abschied nehmen zu können, gerade dann, wenn eine Teilnahme an der Trauerfeier und Bestattung aus zeitlichen oder organisatorischen Gründen nicht möglich ist.

Die Aussegnungsfeier bietet auch für Hinterbliebene und die zuständigen Seelsorger eine erste Kontaktaufnahme, an die sich zeitnah das Trauergespräch anschließt. Dieses dient in erster Linie der Vorbereitung der Trauerfeier und der Beisetzung: Es wird über das Leben und Wirken der verstorbenen Person gesprochen. Dabei kommen oft auch Dinge zur Sprache, die später nichts in der Traueransprache zu suchen haben. Hier ist es wichtig, den Angehörigen auch deutlich zu sagen, dass manche Information einfach nur als Hintergrundwissen dient und nicht für die Öffentlichkeit bestimmt ist. Pfarrerinnen und Pfarrer sind an das Seelsorgegeheimnis gebunden, darauf wurden sie bei ihrer Ordination verpflichtet, und deshalb soll und kann über alles gesprochen werden, was die Angehörigen bewegt; es bleibt im Raum, was nicht öffentlich werden darf.

Gemeinsam kann man über einen Bibelspruch nachdenken und passende Lieder für die Trauerfeier aussuchen. Oft möchten Freunde der Familie oder Angehörige auch selbst etwas beitragen. Darüber sollte ebenfalls im Vorfeld gesprochen werden.

Die Pfarrerin oder der Pfarrer werden hierbei als Amtsperson und als professionelles Gegenüber wahrgenommen. Daher können im Verlauf eines solchen Gespräches auch immer wieder ganz persönliche Fragen und Anliegen der Angehörigen zur Sprache kommen, die nichts oder nur indirekt mit dem Trauerfall selbst zu tun haben. Doch für viele Angehörige steht oft einfach nur die Frage im Raum, wo denn die verstorbene Person nun sei, ob es ihr gutgehe und ob man sich denn wiedersehen werde?

Natürlich kann diese Frage niemand wirklich beantworten. Aber die Seelsorgerin oder der Seelsorger können aus ihrem reichen biblischen und theologischen Fundus schöpfen, können biblische Geschichten erzählen, können davon berichten, was Menschen zu anderen Zeiten getröstet und im Glauben gestärkt hat, denn die Bibel und unser Gesangbuch sind voll von solchen Bildern und Texten. Und vor allem sollte das Ostergeschehen an erster Stelle stehen: Jesus Christus hat den Tod überwunden, er ist der erste, der auferstanden ist, seinem Beispiel können wir als gläubige Christen folgen. Wichtig ist es, den Menschen verständlich von dem zu erzählen, was die Grundlagen unseres Glaubens und unserer Hoffnungen sind, und sich dafür auch Zeit zu nehmen.

Es ist auffallend, dass sich viele Menschen gerade deshalb von den Kirchen und dem christlichen Glauben abwenden, weil sie auf ihrer Suche oft keine zufriedenstellenden oder nur unzureichende Antworten auf ihre Fragen nach dem Sinn des Lebens und den letzten Dingen erhalten.

Viele finden in den fernöstlichen Religionen, vor allem im Buddhismus, die Antworten, die sie suchen. Denn dort wird sehr eindeutig - und meiner Meinung nach wenig tröstlich und im absoluten Widerspruch zum christlichen Glauben - darüber gesprochen, was es nach deren Lehre mit der menschlichen Seele auf sich hat: Die Seele befindet sich in einem Kreislauf, wird immer wieder neu verkörpert, bis sie sich irgendwann selbst erlöst hat und im Nichts aufgeht. Der Buchmarkt ist voll von Schriften über Wiedergeburt, Seelenwanderung und Reinkarnation, und auch die wenig seriösen esoterischen Schriften finden reißenden Absatz.

Die großen christlichen Kirchen haben es vielfach versäumt, entsprechend zu reagieren, und sehen nun ihr ureigenstes Betätigungsfeld von anderen Anbietern besetzt. Und dem kann von evangelischer Seite gewiss nicht damit begegnen werden, dass man öffentlich die Ganztodthese propagiert oder sich um klare und fundierte biblisch-theologische Argumente drückt. Wenn vom Glauben an die leibliche Auferstehung der Toten am Jüngsten Tag immer wieder gesprochen wird, dann muss auch gesagt werden, was das konkret bedeutet. Wie wir gesehen haben, steht ein ganzes theologisches Fundament dahinter!

Im Verlauf der Kirchengeschichte war es dem Christentum immer wieder gelungen, die Menschen gerade dort zu erreichen, wo die Fragen und Ängste akut waren, und ihnen auf der Suche zu helfen: Das junge Christentum gab eine konkrete Antwort auf die Frage nach dem Sinn des Lebens und die Weiterexistenz nach dem Tod und konnte gerade dadurch unter Gefangen, Benachteiligten, Sklaven und Frauen viele Anhänger gewinnen. Durch Martin Luther und die Gedanken der Reformation konnte vielen Menschen die Angst vor der Hölle und der ewigen Verdammnis genommen werden. Und heute wäre es wichtig, der Vorstellung der Selbsterlösung durch Reinkarnation und Wiedergeburt klar und verständlich die christliche Position von der Erlösung durch Jesus Christus entgegenzustellen.

Leider ist zu beobachten, dass vor allem radikale christliche Gruppen hierbei besonders erfolgreich zu sein scheinen, weil sie die Angst und Unsicherheit mancher Menschen für ihre eigenen Zwecke schamlos ausnutzen und dabei ziemlich offensiv auftreten. Manche Menschen haben nämlich aufgehört in religiösen Fragen selbständig zu denken, teils aus Bequemlichkeit, teils aus Unvermögen, und sie lassen sich oft widerspruchslos von geschickt auftretenden „Predigern“ vorschreiben, was sie zu tun, zu lassen und zu glauben haben. Letztlich sind sie dann auch selbst davon überzeugt, dass sie der einzig wahren und richtigen Religion angehören, und lassen sich sogar den Kontakt zur Kirchengemeinde vor Ort und die Teilnahme am Abendmahl im Gottesdienst verbieten.

Doch praktizierter christlicher Glaube bedeutet gerade nicht Abgrenzung und Ausschluss, sondern Offenheit, Verständnis, Nächstenliebe und Toleranz. Doch dies ist nur möglich, wenn man auch weiß, welches Menschenbild und welches Glaubensfundament dahinter steht. Daher ist es eine ganz besonders wichtige Aufgabe der Pfarrerinnen und Pfarrer, den Menschen, die auf der Suche nach Sinn und Orientierung sind, Antworten zu geben und Inhalte des Glaubens zu vermitteln.

Aus diesem Grund ist gerade die Traueransprache so wichtig: Hier erreicht man viele Menschen, auch Kirchenferne, denen man unter anderen Umständen sonst niemals begegnen würde. Gerade die hören oft sehr genau hin auf das, was die Pfarrerin oder der Pfarrer sagt. Es kann nicht damit getan sein, wie ich es selbst schon mehrfach erlebt habe, dass sich die Ansprache nur darum dreht, den Lebenslauf von A bis Z herunterzulesen, von der Wichtigkeit des Hundes des Verstorbenen zu erzählen oder dauernd zu betonen, dass der Verstorbene ja kein Kirchgänger war und der Kirche kritisch gegenüberstand.

Eine angemessene und ansprechende Traueransprache sollte immer das Leben und Handeln des Verstorbenen im Blick haben und dies würdigen, aber gerade der Trost für die Angehörigen und alle Trauernden und, damit verbunden, die biblische Botschaft und der Blick auf das Kommende, die christliche Hoffnung, müssen darin ausreichend Platz finden. Trauerpredigten in einer vollen Kirche oder Friedhofshalle sind gerade in unserer heutigen Zeit zu einem ganz wichtigen Element der christlichen Verkündigung geworden. Schade, wenn diese große und wichtige Chance durch Nachlässigkeit vertan wird!

Wie eine oben geschilderte Trauerpredigt aussehen könnte, soll folgendes Beispiel (aus eigener Praxis) zeigen:

Liebe Angehörige, Nachbarn und Freunde, liebe Trauergemeinde!
In der Nacht vom ... wurde unsere Schwester in Christo ... vor ihren Schöpfer gerufen. ... Jahre durfte sie erleben, bis ins hohe Alter hinein war sie, den gesundheitlichen Umständen entsprechend, aktiv, vor allem im Garten und in der heimischen Landwirtschaft. Ihre letzten Lebensjahre waren aufgrund ihrer Herz- und Sehschwäche von Einschränkungen geprägt, und auch die familiären Lebensumstände haben es ihr oft nicht leicht gemacht. Dennoch hat sie tapfer und mutig standgehalten, sie schöpfte vor allem aus dem Glauben Kraft und das auch auf ihrer letzten Wegstrecke im Krankenhaus. Sie hatte es gespürt, dass ihre letzte Etappe auf diesem irdischen Lebensweg gekommen war, sie willigte nicht mehr ein in die OP, die die Ärzte vorschlugen. Nach und nach nahm sie in den letzten Tagen Abschied von ihrer Familie und allen Menschen, die ihr wichtig waren, und schließlich konnte sie ganz friedlich einschlafen. Von einem Schlaf zum anderen ist sie hinübergegangen, ohne Schmerz und Angst, getröstet und gestärkt durch ihren Glauben und in der Gewissheit, dass der Tod nur ein Übergang sein wird in eine schöne, eine bessere Existenz, von der wir zu Lebzeiten nur in Bildern sprechen können, so wie wir es gerade in unserem Lied (*Lasst mich gehn...*), ihrem Lied, getan haben.

Ich bin froh und dankbar, dass ich sie kennenlernen und ein Stück weit auch begleiten durfte; unsere erste Begegnung fand zu ihrem ... Geburtstag statt. Ich erlebte sie stets als freundlich, herzlich und aufgeschlossen, gepaart mit einer Spur Humor, obwohl ich wusste, dass ihr gewiss oft ganz anders zumute gewesen war.

Wir wollen den Abschied von ... heute Nachmittag unter ein Wort aus dem 27. Psalm stellen: „Der HERR ist mein Licht und mein Heil; vor wem sollte ich mich fürchten? Der Herr ist meines Lebens Kraft, vor wem sollte mir grauen?“

Liebe Angehörige, liebe Gemeinde,
was gibt es Tröstlicheres als mit einem solchen Wort zu leben, sich auf das Sterben vorzubereiten und Abschied zu nehmen? Zu wissen, dass nichts und niemand uns trennen kann von der Liebe Gottes zu uns, seinen Kindern. Vor wem sollte sich der fürchten, der Christus an seiner Seite weiß? Vor dem Tod sicher nicht, denn er ist sich gewiss, dass der Tod nicht mehr ist als der Durchgang zu einem neuen Leben. Und so dürfen wir bei aller

Trauer, dass … nicht mehr unter uns ist, sie doch ziehen lassen mit einem Trost, ja sogar mit einer Freude im Herzen, dass sie, die diesem Psalmwort im Leben und im Sterben vertraut hat, nun schauen darf, woran sie zu Lebzeiten geglaubt hat: ein Leben ohne Leid und Schmerzen, ein Leben, geheilt von allem, was hier schwer gewesen ist. Schließlich: Gott schauen zu dürfen von Angesicht zu Angesicht.

Hinter ihr liegt ein langes und von Höhen und Tiefen geprägtes Leben, auf das wir heute auch zurückblicken wollen:

Es folgen nun biographische Daten und Lebensstationen.

Es ist, liebe Gemeinde, ein langes Leben, auf das wir nur kurz blicken konnten, gefüllt mit vielen Ereignissen, die wir alle als Erinnerung mitbringen und die uns auch weiter begleiten werden. So können die Worte des Psalmbeters für uns heute auch ein Vermächtnis unserer Verstorbenen und ein Trostwort sein: "Der HERR ist mein Licht und mein Heil; vor wem sollte ich mich fürchten? Der Herr ist meines Lebens Kraft, vor wem sollte mir grauen?“

Wir dürfen sie ziehen lassen und allezeit von Gott behütet und bewahrt glauben. Still und leise ist sie von uns gegangen und hat ihre letzte Reise angetreten. Es ist eine Reise in ein Land und an einen Ort, den kein Lebender zuvor gesehen hat, den wir eben nur in unseren menschlichen Vorstellungen beschreiben können. Es ist der Ort des Lichtes.

Auf diese Reise können wir sie nicht begleiten, aber wir werden ihr folgen, wenn unsere Zeit gekommen ist. Wir dürfen sie gehen lassen im Wissen darum, dass sie in Gottes Licht geborgen ist, so wie es im 27. Psalm heißt: „Der Herr ist mein Licht und mein Heil, vor wem sollte ich mich fürchten; der Herr ist meines Lebens Kraft, vor wem sollte mir grauen?“

Allein bleiben wir zurück, und wir müssen uns neu einrichten in dieser Welt ohne sie. Grab und Grabstein dienen uns nur als Ort der Sammlung und Erinnerung, sie aber finden wir dort nicht mehr – sie ist bereits weitergereist. So bleibt es uns, einander zu trösten, soweit wir es selbst vermögen, am besten dadurch, dass wir die Worte jenes 27. Psalms und all die anderen Worte und Bilder dieses Nachmittags mitnehmen und nun in das letzte Lied einstimmen, das noch einmal unsere christliche Hoffnung, die Geborgenheit der Seele und den Trost des göttlichen Lichtes ausdrückt (*Wo findet die Seele…*).

Möge Sie alle Gottes Trost und Segen begleiten, heute und in den Tagen, die nun kommen werden. Amen.

Ein zweites Beispiel für eine entsprechende Traueransprache aus der eigenen Predigtwerkstatt mit einer Bildbetrachtung:

Liebe Angehörige, liebe Trauergemeinde!

Der Weg eines Menschen, sein Lebensweg oder, anders ausgedrückt, seine Lebensreise, beschäftigt die Menschheit seit ewigen Zeiten. Gerade weil wir Vergangenheit, Gegenwart und Zukunft denken können, lässt uns auch die Frage nach unserem eigenen Weg nicht los. Woher kommen wir? Was haben wir hier zu tun und zu lassen? Wohin werden wir gehen? Was wird geschehen, wenn wir die Schwelle des Todes überschritten haben?

Dabei werden wir auch mit unserer eigenen Begrenztheit und Vergänglichkeit konfrontiert, egal, wo wir uns auf unserem eigenen Lebensweg befinden mögen. Doch gerade wenn wir jung sind, machen wir uns darüber oft gar keine Gedanken oder verdrängen sie. Und dann, wenn wir plötzlich mit dem Tod konfrontiert werden, eben dann, wenn ein uns besonders nah stehender Mensch plötzlich stirbt, stehen wir hilf- und ratlos da, sind mit der Situation völlig überfordert. Es ist etwas eingetreten, womit wir oft nicht umzugehen gelernt haben.

Was also tun wir hier, wohin gehen wir, was wird einst unser Ziel sein, wann werden wir es erreichen?

Gerade heute Morgen, wo wir von ... Abschied nehmen müssen, kommen uns diese Gedanken verstärkt in den Sinn. Wir fragen uns, wo unser Verstorbener jetzt sein wird, ob er nun das sehen kann, was der christliche Glaube zu Lebzeiten nur in Worten, Bildern und Hoffnungen auszudrücken vermag.

Doch diese Worte, Bilder und Hoffnungen, die manchmal schon sehr alt sind, können in der Zeit der Trauer und des Abschiednehmens ein ganz wichtiger Helfer und Begleiter sein. Was geschieht mit dem Menschen, wenn er verstorben ist? Sein Körper bleibt zurück, es ist der für uns noch sichtbare Teil. Das Grab wird dann ein Ort der Erinnerung und des Andenkens sein, aber es ist nicht der Aufenthaltsort des Verstorbenen. Doch wo wird der Verstorbene, oder genauer gesagt, seine Seele dann sein, wenn nicht hier? Der christliche Glaube bietet uns Perspektiven und Antworten an, die aber eben in der Bildsprache zu uns reden.

Im Jahre 1827 hat der evangelische Theologe Friedrich Ludwig Jörgens ein Gedicht verfasst, das heute noch in manchen Kirchengemeinden als Beerdigungslied ein tröstender Begleiter ist, obgleich uns manche Worte und Formulierungen ungewohnt und unmodern erscheinen mögen. Hören wir darauf und lassen wir uns in Gedanken mitnehmen auf eine Reise:

Wo findet die Seele die Heimat, die Ruh?
Wer deckt sie mit schützenden Fittichen zu?
Ach, bietet die Welt keine Freistatt uns an
wo Sünde nicht herrschen, nicht anfechten kann?
Nein, nein, nein, nein, hier ist sie nicht
Die Heimat der Seele ist droben im Licht.

Verlasse die Erde, die Heimat zu sehn
Die Heimat der Seele, so herrlich, so schön
Jerusalem droben, von Golde gebaut
ist dieses die Heimat der Seele, der Braut?
Ja, ja, ja, ja dieses allein
kann Ruhplatz und Heimat der Seele nur sein.

Wie selig die Ruhe bei Jesus im Licht
Tod, Sünde und Schmerzen, die kennt man dort nicht
Das Rauschen der Harfen, der liebliche Klang
bewillkommt die Seele mit süßem Gesang.
Ruh, Ruh, Ruh, Ruh, himmlische Ruh
im Schoße des Mittlers, ich eile dir zu!

„Die Heimat der Seele ist droben im Licht"! Das ist die wichtigste Aussage unseres Gedichtes und diesem Gedanken wollen wir ein wenig nachspüren.

In ihren Bänken liegt ein kleines Bild, das uns auf anschauliche Weise den Weg der Seele in das Licht oder - in Worten des Glaubens ausgedrückt – den Weg des Verstorbenen in Gottes ewiges Licht vor Augen stellt. Der niederländische Maler Hieronymus Bosch hat es um das Jahr 1500 gemalt, und es trägt den Titel „Die Reise ins himmlische Licht".

Das Bild zeigt die Himmelfahrt eines Verstorbenen als Vision himmlischer Freude. Die Seele des Toten entledigt sich ihrer sterblichen Hülle und schwebt durch die Nacht, dem göttlichen Licht entgegen. Begleitet und geführt wird sie von zwei Engeln, und voller Sehnsucht blickt sie aufwärts durch die Dunkelheit in Richtung des unendlichen Lichts, das durch die Dunkelheit zu ihnen dringt. Der Tod wird hier als Tunnel aus Licht symbolisiert, an dessen Ende vertraute Wesen aus Licht warten und die Seele schließlich zu Gott führen werden.

Liebe Angehörige, liebe Gemeinde!

Wenn wir nun von ... Abschied nehmen, wollen wir dieses Bild und diese Vorstellungen für uns mitnehmen. Aber zuvor wollen wir noch einen kleinen Blick auf seine Lebenswege werfen, denn sie sind es, die Sie mit ihm verbinden, die die Erinnerungen ausmachen, die Sie alle heute mitbringen und die als Verbindung bleiben werden.

Es folgen biographische Daten.

Still und leise ist er von uns gegangen und hat seine letzte Reise angetreten. Eine Reise in ein Land und an einen Ort, den kein Lebender zuvor gesehen hat, den wir eben nur in unseren menschlichen Vorstellungen beschreiben können. Es ist der Ort des Lichtes.

Auf diese Reise können wir ... nicht begleiten, aber wir werden ihm folgen, wenn unsere Zeit gekommen ist. Wir dürfen ihn gehen lassen im Wissen darum, dass er in Gottes Licht geborgen ist, so wie es im 27.Psalm heißt: „Der Herr ist mein Licht und mein Heil, vor wem sollte ich mich fürchten; der Herr ist meines Lebens Kraft, vor wem sollte mir grauen?"

Allein bleiben wir zurück und wir müssen uns neu einrichten in dieser Welt ohne ihn. Grab und Grabstein dienen uns nur als Ort der Sammlung und Erinnerung, ihn aber finden wir dort nicht mehr – er ist bereits weitergereist. So bleibt es uns, einander zu trösten, soweit wir es selbst vermögen, am besten dadurch, dass wir die Worte jenes 27. Psalms und die anderen Worte und Bilder dieses Vormittags mitnehmen.

Möge Sie alle Gottes Trost und Segen begleiten, heute und in den Tagen, die nun kommen werden. Amen.

Genauso wichtig wie der Trauergottesdienst ist auch der Gottesdienst zum Ewigkeitssonntag, wenn die Angehörigen und die ganze Gemeinde sich noch einmal an all ihre Verstorbenen erinnern, die in diesem Kirchenjahr verstorben sind. Es sind sehr dichte und bewegende Momente, auch hier ist sehr viel Einfühlungsvermögen der Pfarrerin, des Pfarrers nötig. Für diesen Gottesdienst gilt ähnliches wie für den Trauergottesdienst, weil sehr viele sonst nicht im Gottesdienst beheimatete Menschen daran teilnehmen. Neben einer der Situation angemessenen Liturgie mit Verlesen der Namen und Entzünden von Kerzen ist die Predigt besonders wichtig. Hier bieten sich sehr viele Möglichkeiten, es sollte nach Möglichkeit keine reine Textpredigt sein, am besten eignen sich eine Bildbetrachtung oder musikalische Ergänzungen, die das Gesagte auf andere Weise vertiefen können. Auch hierzu wieder eine Beispielpredigt aus der eigenen Praxis:

Liebe Gemeinde!
Wir stehen an den Gräbern unserer Verstorbenen. In dunkle Kleider gehüllt. Die Hände hilflos in den Taschen, auf der Suche nach Wärme. Oder auch gefaltet zum Gebet. Die Augen traurig, vielleicht auch voller Tränen.

Wir stehen an den Gräbern mit schweren Herzen die Trost suchen. Wir stehen da, mit Fragen, die in uns hochkommen. Mit Klagen, die aus uns herausbrechen wollen. Auf der

Suche nach einem, der unsere Klagen hört, der unsere Fragen versteht. Auf der Suche nach jemandem, der uns Hoffnung gibt, auch über den Tod hinaus. Auf der Suche nach Gott.

Gemeinsam möchten wir mit ihnen heute auf verschiedene Texte hören. Worte der Bibel, Worte Gottes. Worte aus dem alten Totengebet der christlichen Kirche. Worte, die viele Generationen alt sind. Worte, die für viele vor uns Trost und Hoffnung waren. Worte, die für viele nach uns Trost und Hoffnung sein werden. Worte, die für uns Trost und Hoffnung sein können. Dazu wollen wir auf Musik hören, die diese Worte aufnimmt und uns auf andere Weise noch einmal näher bringen möchte.

Hören wir zunächst auf Worte aus dem Brief an die Hebräer, Kap. 4 und 13:
Es ist noch eine Ruhe vorhanden für das Volk Gottes. Denn wer zu Gottes Ruhe gekommen ist, der ruht auch von seinen Werken so wie Gott von den seinen. - Wir haben hier keine bleibende Stadt, sondern die zukünftige suchen wir.

Auf der Suche nach der zukünftigen Stadt. Unterwegs an einen Ort, an dem wir die Ruhe finden können, nach der wir uns so manches Mal sehnen. Die, die uns vorausgegangen sind, sie haben diese Ruhe erreicht.

Manche nach einem Leben voller Mühe und Arbeit. Einem Leben, in dem sie sich keine Ruhe gegönnt haben. Geschafft haben, für die Familie, für die Kinder, geschafft dafür, dass etwas zu Essen auf dem Tisch stand. Sie sind zu Gottes Ruhe gekommen.

Manche nach einem Leben, das von Schicksalsschlägen geprägt wurde. Einem Leben, das einem einfach keine Ruhe gelassen hat. Wo immer die Angst im Raum stand: Was kommt als nächstes? Auch sie sind zu Gottes Ruhe gekommen.

Manche haben sie schon im Leben spüren dürfen, diese Ruhe Gottes. In Zeiten des Glücks und der Zufriedenheit. Zeiten, die man am liebsten festgehalten hätte, gerade weil man wusste, wie vergänglich sie sind. Nun sind sie in der Ruhe angekommen, die ewig ist.

Selbst wir, die zurückbleiben in unserer oft so ruhelosen Welt, werden doch still und ruhig, wenn wir an den Gräbern stehen und an die denken, die uns vorausgegangen sind.

Wenn wir die Hände falten und vielleicht nur in Gedanken die alten Worten sprechen: Herr, gib ihnen die ewige Ruhe.

Worte aus dem Totengebet:
Herr, gib ihnen die ewige Ruhe, und das ewige Licht leuchte ihnen. Dir gebührt Lob, Herr, auf dem Zion, Dir erfüllt man Gelübde in Jerusalem. Erhöre mein Gebet; zu Dir kommt alles Fleisch. Herr, gib ihnen die ewige Ruhe.
MUSIK: Gabriel Fauré, *Requiem:* Requiem aeternam

Lesung aus dem 42. Psalm:
Wie der Hirsch lechzt nach frischem Wasser, so schreit meine Seele, Gott, zu dir. Meine Seele dürstet nach Gott, nach dem lebendigen Gott. Wann werde ich dahin kommen, dass ich Gottes Angesicht schaue? Meine Tränen sind meine Speise Tag und Nacht, weil man täglich zu mir sagt: Wo ist nun dein Gott? Meine Seele dürstet nach Gott, nach dem lebendigen Gott.

Es gibt ihn, den Durst in unserer Seele, den kein Wasser stillen kann. Wie der körperliche Durst schmerzt er, so dass man am liebsten laut schreien möchte. Aber wer hört schon darauf? Zu gerne gehen wir möglichst schnell wieder zur Tagesordnung über, versuchen, den Schmerz zu betäuben. Es wird schon wieder. Die Zeit heilt alle Wunden. Aber: Wer gibt der Trauer die Zeit, die es braucht, um die Wunden zu heilen, die der Tod in unserem Leben geschlagen hat? Zeit zum Klagen? Zeit zum Reden über das, was fehlt, seit der andere nicht mehr ist? Zeit zu weinen?

„Meine Tränen sind meine Speise Tag und Nacht“. Tränen können Nahrung sein - Nahrung für die Seele, die nach Trost dürstet. Tränen können Wunden heilen. Langsam geht diese Heilung vonstatten. Ein langer Weg, oft schmerzvoll. Ein Weg, der immer wieder hinführt zum Grab. Das Grab, es ist auch ein Ort der Tränen und der Klage. Wir Christen glauben: Gott sieht die Tränen, die vergossen werden. Er hört die Klagen. Er bleibt bei uns, er hält es auch da mit uns aus, wo wir meinen, es nicht mehr aushalten zu können. Er ist da, an den Gräbern und an allen Orten, an denen wir fragen: Wo bist Du, Gott?

MUSIK: Felix Mendelssohn-Bartholdy, *Psalm 42*: Wie der Hirsch schreit...

Lesung aus dem Buch des Propheten Jesaja, Kap. 60:
Siehe, Finsternis bedeckt das Erdreich und Dunkel die Völker; aber über dir geht auf der HERR, und seine Herrlichkeit erscheint über dir. Deine Sonne wird nicht mehr untergehen und dein Mond nicht den Schein verlieren; denn der HERR wird dein ewiges Licht sein, und die Tage deines Leidens sollen ein Ende haben.

Finsternis bedeckt die Erde. Erde: das ist Finsternis, Dunkelheit. Beerdigung. Da ist die dunkle Erde, in der ein geliebter Mensch liegt. Der Moment, in dem der Sarg sich in die Erde senkt. Der Moment, in dem man einen letzten Blick hinab ins Erdreich wirft, bevor der Sarg ganz von Erde umhüllt wird. Völlige Dunkelheit. Alles schwarz. Alles Aus? Nein. Jenseits unserer Grenzen leuchtet ein Licht. Ein Licht, nicht mit den Augen zu sehen. Gott selbst wird unser Licht sein. Wo wir heute nur Finsternis sehen, wird Gottes Licht erstrahlen. Die, die wir in dunkle Erde gelegt haben, schauen das Licht. Wir sehen nur die Gräber. Dunkle Erde. Doch durch das Dunkel hindurch führt der Weg ins Helle. Gott kommt uns entgegen. Auch wenn uns dieses Licht noch verborgen ist, dürfen wir glauben: Die, deren Körper in den Gräbern sind, sie sehen es.

MUSIK: Georg Friedrich Händel, *Der Messias*: Finsternis decket das Erdreich...

Lesung aus dem ersten Brief an die Korinther, Kap. 15:
So ist es auch mit der Auferstehung der Toten: Es wird gesät verweslich und wird auferstehen unverweslich. Es wird gesät in Niedrigkeit und wird auferstehen in Herrlichkeit. Es wird gesät in Armseligkeit und wird auferstehen in Kraft. Wenn aber dies Verwesliche anziehen wird die Unverweslichkeit und dies Sterbliche anziehen wird die Unsterblichkeit, dann wird erfüllt werden das Wort, das geschrieben steht „Der Tod ist verschlungen vom Sieg. Tod, wo ist dein Sieg? Tod, wo ist dein Stachel?“

„Tod, wo ist dein Sieg?“ Was für eine Frage. Wer jemals an einem Grab gestanden hat, kennt die Macht des Todes. So viele Geschichten könnte man erzählen von Kämpfen, die gegen den Tod geführt wurden. Von Ärzten und Krankenhäusern. Von Fortschritten und Rückschlägen. Von unglaublichen Kraftanstrengungen und unendlicher Müdigkeit. Vom immer wieder Aufraffen und davon, aufgeben zu wollen. Von den langen, ermüdenden Kämpfen und den kurzen, umso grausameren. Jeder Kampf ist anders. Und doch: Gewonnen hat zum Schluss immer derselbe - der Tod. So war es bei denen, die in diesem Kirchenjahr verstorben sind. Und so wird es eines Tages bei uns allen sein.

„Tod, wo ist dein Sieg?“ Wer so fragt, hat ein Vertrauen in Gott, das daran festhält, dass Gott stärker ist als der Tod. Dass seine Hand uns festhält über den Tod hinaus, ja dass Gottes Hand uns dem Tod entreißt. Zeichen dieser Macht Gottes ist das Kreuz. Der, der am Kreuz hing und starb, der wurde von Gott aus der Macht des Todes herausgeholt. Seit Jesus wissen wir, dass die Macht des Todes Grenzen hat, dass sein Sieg nicht endgültig ist, dass zum Schluss ein ganz anderer siegen wird. Und so ist jedes Kreuz, dass auf einem Grab steht, eine Provokation für den Tod. Denn jedes Kreuz auf einem Grab, das an Jesus Christus und seine Auferstehung erinnert, stellt dem Tod immer wieder dieselbe Frage: Tod, wo ist dein Sieg?

MUSIK: Georg Friedrich Händel, *Der Messias*: O Tod, wo ist dein Pfeil…

Lesung aus dem Buch der Offenbarung, Kap. 21:
Und ich sah einen neuen Himmel und eine neue Erde; denn der erste Himmel und die erste Erde sind vergangen, und das Meer ist nicht mehr. Und ich sah die Heilige Stadt, das neue Jerusalem, von Gott aus dem Himmel herabkommen, bereitet wie eine geschmückte Braut für ihren Mann. Und ich hörte eine große Stimme von dem Thron her, die sprach: Siehe da, die Hütte Gottes bei den Menschen! Und er wird bei ihnen wohnen, und sie werden sein Volk sein, und er selbst, Gott mit ihnen, wird ihr Gott sein; und Gott wird abwischen alle Tränen von ihren Augen, und der Tod wird nicht mehr sein, noch Leid noch Geschrei noch Schmerz wird mehr sein; denn das Erste ist vergangen.

„Das Erste ist vergangen." Das Erste, das ist das Leben, wie wir es kennen. Es ist vergangen für die, die gestorben sind. Dieses Erste wird vergehen, auch für uns. Aber auf dieses Erste folgt noch etwas. Ein neuer Himmel, eine neue Erde. Eine Welt, geschmückt wie eine Braut. Eine Welt ohne das, was uns an unserer Welt leiden lässt. Keine Tränen mehr, keine Schreie, keine Schmerzen. Und auch der Tod wird nicht mehr sein. Nicht mehr der Tod wird unter den Menschen wohnen, sondern das Leben. Gott selbst wird da sein, er wird bei uns wohnen, sein Zelt bei uns aufschlagen. Da wird große Freude sein in dieser Stadt, ein Fest ohne Ende, bei dem keiner draußen stehen bleiben muss. Alle werden zusammensitzen und feiern. Mit einem Blick in diese himmlische Stadt endet die Bibel.

Noch können wir diese Stadt nicht sehen, noch sehen wir Leid und Tod. Aber das Bild dieser Stadt kann uns Mut machen. Den Mut, Ja zum Leben zu sagen, weil das Leben siegen wird über den Tod. Den Mut, weiterzugehen auf unseren Wegen. Den Mut, weiterzugehen auch angesichts des Todes, weiterzugehen auf den Tod zu, weil wir wissen, dass wir nicht im Tod bleiben werden, sondern bereits im Festsaal erwartet werden.

Hören wir zum Abschluss Worte aus dem Totengebet:

Zum Paradies mögen Engel dich geleiten, die heiligen Märtyrer dich begrüßen und dich führen in die heilige Stadt Jerusalem. Die Chöre der Engel mögen dich empfangen, und durch Christus, der für dich gestorben, soll ewiges Leben dich erfreuen. Amen

MUSIK: Gabriel Fauré, *Requiem*: In Paradisum…

Die Beispiele verdeutlichen, wie wichtig und hilfreich gerade in der heutigen Zeit eine Rückbesinnung und ein Rückbezug auf alte Texte und ergänzt durch die passende Musik sein können, gerade auch im ökumenischen Kontext.

Eine andere Möglichkeit bietet eine Bildbetrachtung mit entsprechenden biblischen Textbezügen und die passende Auslegung. Auch dazu noch ein Beispiel, wie ich es an einem Ewigkeitssonntag umgesetzt habe. Grundlage ist Offb. 20/21 (zuvor als Schriftlesung vorgetragen) und eine Abbildung des himmlischen Jerusalem aus dem sog. F*acundus beatus*:

Liebe Gemeinde,
jeder Tod, jeder Abschied, stellt uns die existentiellen Fragen der Menschheit immer wieder neu vor Augen: Wohin gehen unsere Toten? Wie wird es einst sein, wenn wir diese Erde verlassen müssen? Wo ist der Himmel, von dem so oft im Zusammenhang mit Tod und Sterben gesprochen wird?

Der Begriff „Himmel" steht für eine Sphäre über dieser Welt, die höher, erhabener, reicher und prächtiger ist als all das, was wir vor Augen haben. Eine Sphäre, die alles, was wir hier auf Erden kennen, an Schönheit, Wahrheit und Heil weit übertrifft. Wenn wir diesen Himmel suchen, dann versuchen wir, ihn uns mit unserem Verstand vorzustellen. Unser in dieser Hinsicht jedoch begrenzter Verstand sucht sich heranzutasten an eine Wirklichkeit, die für uns jetzt noch nicht zugänglich ist. Und wir heutigen Menschen hören mit dem Vorstellen meist recht schnell wieder auf. Wir unterbrechen unseren Höhenflug und verbieten uns geradezu, unsere Phantasie frei schweifen zu lassen in diese Sphäre des Himmlischen. Zu viele moderne Überzeugungen und Weltbilder stören uns dabei.

Die Menschen früherer Zeiten dagegen waren in dieser Hinsicht viel freier und unbeschwerter. Sie ließen dem Flug ihres Geistes viel freieren Lauf, wenn sie sich die himmlische Heimat bildlich vorzustellen versuchten, und sie hatten auch keine Scheu, ihre Vorstellungen in Worten zu beschreiben.

So berichtet es auch eine kleine Geschichte: Zwei Mönche lebten im Mittelalter im Kloster. Sie sprachen über alles, was sie bewegte und was ihnen wichtig war, auch über das Leben nach dem Tod. Sie hätten zu gerne gewusst, wie es da drüben aussieht. Sie forschten in der Bibel und anhand der Visionen, die Menschen über das Leben im Jenseits hatten, und malten sich miteinander aus, wie das Leben dort aussehen sollte. Und weil sie es genau wissen und auch der Nachwelt überliefern wollten, vereinbarten sie, dass derjenige von ihnen, der zuerst sterben würde, dem anderen im Traum erscheinen und ihm nur ein lateinisches Wort sagen sollte: Entweder "Taliter" oder "aliter". Taliter bedeutet: Es ist so, wie wir es uns ausgemalt haben, und aliter: es ist anders, als wir es uns ausgemalt haben. So kam es, dass der eine starb. Und der Überlebende wartete auf eine Nachricht. Schließlich erschien ihm sein verstorbener Freund im Traum, und auf seine Frage: "Taliter oder aliter?" antwortete der nur: "Totaliter aliter". Ganz, ganz anders, als wir es uns ausgemalt haben.

Wenn es um das Leben nach dem Tode geht, dann sind selbst die größten Gelehrten überfordert und wissen keine Antwort. Doch die Frage: "Wie sieht das Leben nach dem Tode aus?" ist sehr lebendig, alle wollen etwas darüber wissen, nicht nur die Mönche des Mittelalters, sondern auch wir heute. Dank der ausgefeilten Wiederbelebungstechniken der modernen Medizin wird das Interesse sogar immer größer, gerade weil es Berichte von Menschen gibt, die in einer sog. Nahtoderfahrung schon einmal einen Blick durchs Schlüsselloch haben werfen dürfen. Doch die moderne Wissenschaft ist das eine, Glaubenserfahrungen und überlieferte Texte und Bilder sind das andere.

Sehr oft auch können uns gerade Bilder und Texte aus der Barockzeit, also des 17. Jahrhunderts, auf unserer Suche anleiten und helfen. Kirchendecken aus dieser Zeit malen die Himmelssphäre in großem Reichtum aus und wollen uns damit sagen: Die Wirklichkeit endet nicht hier auf dem Erdboden, sondern darüber hinaus erhebt sich eine noch viel größere und weitere Sphäre, die wir jetzt noch gar nicht kennen. Ja, die Menschen dieser Zeit konnten noch in großen poetischen Bildern schwelgen, wie etwa die Lieddichter Philipp Nicolai und Johann Matthäus Meyfart, die ihre Hoffnungen ganz in der Vorstellung der biblischen Worte aus der Offenbarung des Johannes ausgemalt haben, die wir gerade als Schriftlesung gehört haben. Ziel aller menschlichen Sehnsucht dieser Zeit war das Himmlische Jerusalem.

Es ist die Vorstellung, die bereits in den Schriften des Alten Testaments die Phantasie des Glaubens beflügelt und in der Offenbarung des Johannes ihren reichsten Ausdruck gefunden hat: Johannes, der Seher von Patmos, beschreibt in seiner Vision das neue Jerusalem, das einst vom Himmel herabkommen und das Ziel aller Erlösten sein wird. Der mittelalterliche Mönch Facundus schuf im Jahr 1047 in einer besonders schönen Handschrift zur Johannesoffenbarung auch eine Illustration des Himmlischen Jerusalem, die Sie als Karte zum Mitnehmen erhalten haben: Jerusalem - die Heilige Stadt. Die himmlische Stadt. Die Stadt der Vollkommenheit. Viereckig angelegt. Von einem kostbar funkelnden Mauerwerk umgeben, Mauern aus Gold und mit den 12 Edelsteinen geschmückt, mit 12 Toren aus 12 Perlen und den 12 Aposteln. Einem Marktplatz aus Gold wie durchscheinendes Glas. Erleuchtet durch ein Licht, das nie aufhört zu scheinen: das Licht der Herrlichkeit Gottes, deren Leuchte das Lamm Gottes selbst ist. Der Engel Gottes, der mit einem Maßstab die neue Stadt ausmisst.

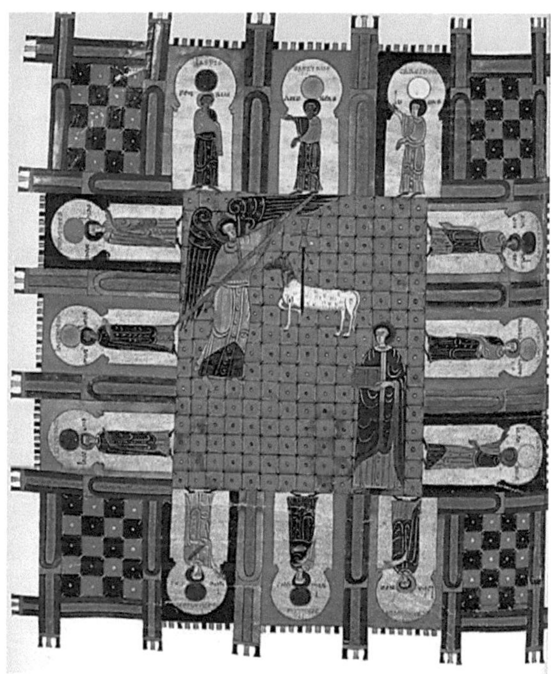

Wer sich in diese Beschreibung des Johannes vertieft, kann in eine große Sehnsucht verfallen, so wie der Dichter Johann Matthäus Meyfart (*EG* 150), der in dieser Stimmung sein Lied verfasst hat:

Jerusalem, du hoch gebaute Stadt, wollt Gott, ich wär in dir! Mein sehnend Herz so groß Verlangen hat und ist nicht mehr bei mir. Weit über Berg und Tale, weit über Flur und Feld, schwingt es sich über alle und eilt aus dieser Welt.

Gewiss: Mit einer solchen Jenseitssehnsucht des 17. Jahrhunderts wissen wir Heutigen vielleicht nur noch wenig anzufangen. Wir leben meist ganz in Diesseits und haben die Hoffnung auf einen neuen Himmel und eine neue Erde weitgehend aufgegeben und uns durch alle Wissenschaft und Vernunft den unbekümmerten Blick in den Himmel nehmen lassen.

Und natürlich soll und darf es uns als Christen niemals um eine Geringschätzung des Diesseits und eine Vertröstung auf das Jenseits gehen, wenn wir von unserer Zukunft sprechen. Nicht um das Diesseits abzuwerten, wollen wir von unserer endzeitlichen Hoffnung sprechen, sondern im Gegenteil: um das Diesseits dieses Lebens gerade in seiner ganzen Fülle und Weite auszukosten. Auch unser Leben hier geht mit jedem Schritt einem gewissen Ende entgegen. Aber es ist unsere christliche Hoffnung, dass wir am Ende nicht einen Abgrund, kein Nichts, keinen ewigen Tod erwarten, sondern dass uns am Ende ein großes Ziel bevorsteht: In der Vision des Johannes wird dieses Ziel der neue Himmel und die neue Erde genannt, die Wohnstätte des neuen Jerusalem.

Und dieses Himmlische Jerusalem besingen wir auch noch heute sehr oft in unseren Liedern, die uns Trost schenken und eine Antwort des Glaubens auf die Frage geben, wohin unsere Toten gehen:

Wo findet die Seele die Heimat, die Ruh? Die Heimat der Seele ist droben im Licht! Verlasse die Erde, die Heimat zu sehn/ Die Heimat der Seele, so herrlich, so schön/Jerusalem droben,/von Golde gebaut/ ist dieses die Heimat der Seele, der Braut?/ Ja, dieses allein/ kann Ruhplatz und Heimat der Seele nur sein.

Oder auch in Gustav Knaks Beerdigungslied „Lasst mich gehn“ finden wir den Hinweis auf das neue Himmlische Jerusalem:

Laßt mich gehn, daß ich Jesum möge sehn! Meine Seel ist voll Verlangen, Ihn auf ewig zu umfangen und vor seinem Thron zu stehn. Süßes Licht, Sonne, die durch Wolken bricht: o wann werd ich dahin kommen, daß ich dort mit allen Frommen schau dein holdes Angesicht? Ach wie schön, ist der Engel Lobgetön! Hätt ich Flügel, hätt ich Flügel, flög ich über Tal und Hügel heute noch nach Zions Höhn! Wie wird's sein, wenn ich zieh in Salem ein, in die Stadt der goldnen Gassen! Herr, mein Gott, ich kann's nicht fassen, was wird das für Wonne sein!

Wir sehen die Heilige Stadt, in der Gott selbst nicht in einem abgeschottet fernen Thronsaal im Tempel thronen, sondern bei den Menschen selbst wohnen wird. Alle können Gott nun schauen von Angesicht zu Angesicht. Alle können zu ihm hintreten, so wie sie sind. Mit all ihrem Schmerz und ihrer irdischen Trauer.

Im Himmlischen Jerusalem müssen die Menschen nicht mehr ihre Trauer verbergen und ihre Tränen verstohlen wegwischen. Im Himmlischen Jerusalem werden diese Tränen vielmehr ganz offen vor Gott getragen und Gott selbst wird ihre Tränen abwischen, „und der Tod wird nicht mehr sein, noch Leid noch Geschrei noch Schmerz wird mehr sein“. Das ist die große Hoffnung derer, die sich aufgrund ihrer tiefen Trauer schon ganz alt und erschöpft vorkommen, die an keinen Neuanfang und an keine Zukunft mehr glauben können, an eine Zukunft, in der alles gut werden soll. „Siehe“, sagt der ganz bei seinem Volk wohnende Gott zu diesen Weinenden, „Siehe, ich mache alles neu!“ In der Offenbarung des Johannes wird hier die Erfüllung derjenigen Verheißung geschaut, die schon im Alten Testament die Phantasie des Volkes Israels beflügelt hat. In Jesaja 65, 17-19 heißt es:

Denn siehe, ich will einen neuen Himmel und eine neue Erde schaffen, dass man der vorigen nicht mehr gedenken und sie nicht mehr zu Herzen nehmen wird. Freuet euch und seid fröhlich immerdar über das, was ich schaffe. Denn siehe, ich will Jerusalem zur Wonne machen und sein Volk zur Freude, und ich will fröhlich sein über Jerusalem und mich freuen über mein Volk.

Der Prophet Jesaja sieht es voraus. Das Leid soll nicht das letzte Wort haben. Das Leid dieser Welt, so schlimm und unerträglich es jetzt auch erscheint, wird doch mit dem Anbruch des Reiches Gottes ein Ende haben. Denn die Leiden dieser Welt währen nur eine bestimmte Zeit. Gottes Herrlichkeit aber dauert ewig und hört nimmer auf! Ein neuer Himmel und eine neue Erde – das ist die Zukunft, die der Glaube von Gott erhofft.

Das altkirchliche Sterbegebet bringt auch noch einmal wunderbar den Weg der Seele ins Himmlische Jerusalem zum Ausdruck mit Worten, die wir heute bei der Aussegnung unseren Verstorbenen zusprechen und die uns selbst Trost und Hoffnung schenken mögen:

Ins Paradies mögen die Engel dich geleiten, bei deiner Ankunft die Märtyrer dich empfangen und dich führen in die Heilige Stadt Jerusalem. Der Chor der Engel möge dich empfangen, und mit Lazarus, dem einst armen, mögest du ewige Ruhe haben.

Die in diesem Abschnitt vorgestellten Texte und Ausführungen haben meine persönliche Position deutlich werden lassen und gezeigt, wie ich sie in meiner Praxis als evangelische Gemeindepfarrerin umsetze und anwende.

Weil ich selbst davon überzeugt bin und dies mein eigener Standpunkt ist, kann ich es auch angemessen meiner Gemeinde vermitteln und authentisch auftreten.

Schließen möchte ich meine Ausführungen mit Worten von Johann Hermann Schein (1586-1630), vgl. *EG* 526:

Mach's mit mir, Gott, nach deiner Güt,
hilf mir in meinem Leiden;
ruf ich dich an, versag mir's nicht:
wenn sich mein Seel will scheiden,
so nimm sie, Herr, in deine Händ.

Ruht doch der Leib sanft in der Erd,
die Seel zu dir sich schwinget;
in deiner Hand sie unversehrt
durch Tod ins Leben dringet.

D. Literaturverzeichnis

- Barth, Hans-Martin: *Dogmatik. Evangelischer Glaube im Kontext der Weltreligionen,* Gütersloh [3]2008
- Baumann, Gerlinde: *Ewiges Leben. Hoffnung über den Tod hinaus*, Freiburg im Breisgau 2010
- Beinert, Wolfgang: *Tod und Jenseits des Todes*, Regensburg 2000
- Berger, Klaus: *Ist mit dem Tod alles aus?*, Gütersloh [2]2003
- *Die Bibel nach Martin Luther,* Stuttgart 1999
- *Die Heilige Schrift nach den Worten Martin Luthers,* Stuttgart 1912
- Dürr, Alfred: *Johann Sebastian Bach. Die Kantaten,* Kassel [11]2013
- *Evangelischer Erwachsenenkatechismus. Glauben – erkennen – leben*, im Auftrag der Vereinigten Evangelisch-Lutherischen Kirche herausgegeben von den Geschäftsführern der Katechismuskommission der VELKD Manfred Kießig, Lothar Stempin, Horst Echternach, Hartmut Jetter unter Mitarbeit von Gerhart Herold, Gütersloh [7]2006
- *Evangelisches Gesangbuch. Ausgabe für die EKHN*, Frankfurt/Main 1994
- *Evangelisches Gesangbuch für das Großherzogtum Hessen,* Darmstadt 1916
- Gestrich, Christof*: Die Seele des Menschen und die Hoffnung der Christen: Evangelische Eschatologie vor der Erneuerung*, Frankfurt/Main 2009
- Härle, Wilfried*: Dogmatik,* Berlin ,New York ,Boston [2]1999
- Hahn, Gerhard und Henkys, Jürgen (Hgg.): *Liederkunde zum EG (*in Einzelheften), Bde. 1 19, Göttingen 2000ff.
- Heidler, Fritz: *Die biblische Lehre von der Unsterblichkeit der Seele. Sterben, Tod, ewiges Leben im Aspekt lutherischer Anthropologie,* Göttingen 1983

- *Huxel, Kirsten:* Unsterblichkeit der Seele versus Ganztodthese? - Ein Grundproblem christlicher Eschatologie in ökumenischer Perspektive, in: *Neue Zeitschrift für Systematische Theologie und Religionsphilosophie (NZSTh), Jg. 56, Heft 3*, S. 341-366, Berlin 2006
- *Katholischer Erwachsenen-Katechismus. Bd. 1: Das Glaubensbekenntnis der Kirche,* Kevelaer ^{4}1989
- *Katholischer Erwachsenen-Katechismus. Bd. 2: Leben aus dem Glauben,* Freiburg im Breisgau,1995
- Kiehl, Kerstin: *„Er geleite dich durch das Dunkel des Todes in sein Licht" – Die Aussegnung – ein vor der Vergessenheit zu bewahrendes evangelisches Abschiedsritual*, Saarbrücken 2014
- Rinck, Heinrich Wilhelm: *Vom Zustande der Seele nach dem Tode. Biblische Untersuchungen mit Berücksichtigung der einschlägigen alten und neuen Literatur*, Ludwigsburg und Basel ^{2}1866
- Schöne, Albrecht*: Das Zeitalter des Barock. Texte und Zeugnisse*, München ^{3}1988
- Schreiber, Stefan und Siemons, Stefan (Hgg.*): Das Jenseits. Perspektiven christlicher Theologie*, Darmstadt 2003
- Stubenrauch, Bertram: *Was kommt danach? Himmel, Hölle, Nirwana oder gar nichts*, München 2007
- Zeilinger, Franz: *Der biblische Auferstehungsglaube. Religionsgeschichtliche Entstehung – heilsgeschichtliche Entfaltung*, Stuttgart 2008

Internetseiten:

- http://www.bibelwissenschaft.de/wibilex/dasbibellexikon/lexikon/ sachwort/anzeigen/details/eschatologieat/ch/3bfeb137218c8a1a59163138d eaee307/ (02.04.15)
- http://www.k-l-j.de/045_jenseits.htm (03.04.15)
- http://de.wikipedia.org/wiki/Seele (03.04.15)

- http://de.wikipedia.org/wiki/Musikalische_Exequien (03.04.15)
- http://de.wikipedia.org/wiki/In_paradisum (03.04.15)
- http://de.wikipedia.org/wiki/Kirchliche_Sterbegebete (03.04.15)
- http://de.wikipedia.org/wiki/Jenseits (04.04.15)
- http://de.wikipedia.org/wiki/Fogefeuer (04.04.15)
- http://de.wikipedia.org/wiki/Ganztodtheorie (05.04.15)
- http://de.wikipedia.org/wiki/Eschatologie (05.04.15)
- http://de.wikipedia.org/wiki/The_Dream_of_Gerontius (05.04.15)
- http://de.wikipedia.org/wiki/Göttliche_Komödie (05.04.15)
- http://de.wikipedia.org/wiki/John_Henry_Newman (06.04.15)
- http://de.wikipedia.org/wiki/Beatus_(Buchmalerei) (06.04.15)
- http://de.wikipedia.org/w/index.php?title=Neues_Jerusalem&redirect=no (06.04.15)
- http://de.wikipedia.org/wiki/Nahtoderfahrung (06.04.15)
- http://de.wikipedia.org/wiki/Jüngstes_Gericht (06.04.15)
- http://de.wikipedia.org/wiki/Ewiges_Leben (06.04.15)
- http://de.wikipedia.org/wiki/Auferstehung (06.04.15)

Bildnachweis:

- S. 71: http://commons.wikimedia.org/wiki/File:Hieronymus_Bosch_013. jpg? uselang=de (24.04.15)
- S.79: http://commons.wikimedia.org/wiki/File:B_Facundus_253v.jpg? uselang=de (24.04.15)

Ebenfalls von der Autorin in der Verlagsgemeinschaft OmniScriptum erschienen:

Fromm Verlag

Kerstin Kiehl

"Er geleite dich durch das Dunkel des Todes in sein Licht..."

Die Aussegnung - ein vor der Vergessenheit zu bewahrendes evangelisches Abschiedsritual

EO

Kerstin Kiehl

Zwei Dörfer, eine Kirche und viel Ärger

Die "bewegte" Geschichte einer historischen Fachwerkkirche im Vogelsberg

Editiones Originum

Printed by Books on Demand GmbH, Norderstedt / Germany